小夫人

孙孟英◎编著

影记沪上

1843

……………………

1949

生活·讀書·新知 三联书店

图书在版编目(CIP)数据

小夫人/孙孟英编著. — 北京：生活·读书·新知三联书店，2018.1
（影记沪上：1843—1949）
ISBN 978-7-108-06113-3

Ⅰ.①小… Ⅱ.①孙… Ⅲ.①女性-婚姻问题-研究-中国-民国 Ⅳ.①D669.1

中国版本图书馆CIP数据核字(2017)第231140号

责任编辑 赵　炬　陈丽军
封面设计 储　平
责任印制 黄雪明
出版发行 生活·讀書·新知 三联书店
（北京市东城区美术馆东街22号）
邮　　编 100010
印　　刷 常熟文化印刷有限公司
版　　次 2018年1月第1版
2018年1月第1次印刷
开　　本 650毫米×900毫米 1/16 印张 11
字　　数 108千字
定　　价 28.00元

序

在中国的婚姻历史中，历代皇帝除了娶皇后外，还要娶许多漂亮的妃子，故有三宫六院七十二妃之说。而一些官宦和富豪之家也都是金屋藏娇，妻妾成群。沿袭数千年的一夫多妻（妾）制到了1949年之后被彻底禁止，男女在婚姻中才真正实现平等。

妻与妾嫁给同一个男人，共同侍候一个丈夫，但她们的家庭地位是不可同日而语的。妻在家可以做主，可以安排妾做家务，妻是正室，俗称大老婆；而妾是侧室、偏房，俗称小老婆、姨太太。小老婆所生的孩子只能被视为庶子，不能接父亲的班，只能继承父亲家产中的小部分遗产，故有“小娘养的”这句骂人的话。到了民国，虽然规定一夫一妻制，但是在贫富差距极大的社会里，各种变相的一夫多妻（妾）制仍然存在。一些富裕家庭的男人会花钱把出身贫穷家庭的漂亮女孩买回家做妾，甚至有的有钱人到舞厅跳舞，见有漂亮的舞女、歌女，就花钱娶回家做小老婆。也有不少名媛贪图虚荣，自愿放低身段当有钱人的小老婆。此外，一些佳丽抵挡不住有钱人的甜言蜜语和“糖衣炮弹”，成了他们的“俘虏”；还有些女人由于家庭变故为生存和活命只好委身于那些有钱人。然而，不少名媛佳丽进入豪门后就像是掉入了冰冷的地狱，过着没有尊严和人格的生活，有的被有钱人玩厌后连“小妾”的名分都没有获得就被赶出了豪门，白白牺牲了大好青春。

民国期间，虽然提倡一夫一妻，但是，又有一条法律解释，就是“男人纳妾不属于婚姻”。按那时的婚姻习俗，娶妻要明媒正娶，要讲“六礼”：纳彩、问名、纳吉、纳征、请期及亲迎；同时还要订立文书，故正式结婚的叫作“婚书”，而纳妾也要订立文书，可不能叫“书”，而只能叫作“契”，这就是“娶妻”与“纳妾”的最大不同之处。妻与妾在家庭中的地位和身份有着非常大的差别，就如同皇后与妃子之间的贵贱之别一样。不少富豪把多纳妾看成自己地位与财富的象征，以致不少美丽的女子成为他们的玩物和牺牲品，演绎出一则则催人泪下的悲剧故事。

孙孟英

2017年7月

目录

第一章

一个小夫人的曲折命运

大老板为什么要娶二房

混血少女遭家变

大老板要娶混血美女

丈夫猝死，她被大房赶出门

携儿女与洋父亲团聚

胡小凤，1926年生于浙江宁波，1935年随父母来到上海。胡小凤父亲名叫胡久如，是一位实业家，家境殷实。

胡小凤长得非常漂亮，鹅蛋脸，一对眼睛大而黑亮，一头鬈发，皮肤细嫩雪白，身材窈窕。由于家境好，她从小便受到很好的教育，琴棋书画样样行，尤其能写得一手好书法，绣得一手好花。在上中学时，胡小凤就被同学暗地里叫作“校花”和“才女”。然而，胡小凤的好日子到她初中毕业时就戛然而止了。家里突然发生了变故，作为家庭顶梁柱的父亲不幸病故。胡小凤的父亲去世，对她一家人来说，是一个非常沉重的打击。因为她的母亲是父亲花钱买回家的小妾，是二房。在讲究封建传统习俗的年代里，二房是没有家庭地位，也没有家产继承权的，一切都由明媒正娶的大老婆说了算。失去了丈夫保护的二房小妾一下就处于弱势地位，生活一落千丈，胡小凤和母亲及两个弟弟四人被迫搬出庄园。虽然他们新住进的房子也很大，但没有了用人侍候，一切都得靠胡小凤的母亲自己打理。往日的那种衣来伸手、饭来张口的日子一去不复返了。

大老板为什么要娶二房

胡小凤的父亲胡久如生于1873年，其父亲曾是清朝浙江省巡抚身边管内务的一名官员，名叫胡雪堂。胡久如是胡雪堂的长子，也是独子，因而成了家里的宠儿。出生在这样一种官宦家庭，胡久如在生活方面确实无忧无虑，但所接受的封建礼教教育也是相当严格的。从胡久如懂事起，父亲胡雪堂就请了私塾教书先生到家里授课，教他读“四书五经”，让他背诵《三字经》《百家姓》《千字文》及《神童诗》等。

胡雪堂之所以重视对儿子的教育，是希望他将来能通过科考当上朝廷的官员，成为一个有出息的人，成为国家的栋梁之材。胡雪堂还经常出差时带着儿子到武汉、上海、厦门等开放城市四处走动，使他能开阔眼界，增加阅历。做父亲的真可谓用心良苦，为的就是儿子将来能出人头地。

然而，父母精心设计的人生成长路线图并不一定被自己的孩子所认可；孩子长大后往往有自己的想法和追求。胡雪堂希望儿子能按他的思路与成长路线图走——科考上榜当大官，可是非常有主见和想法的胡久如就是不愿通过科考当官。他跟着父亲去过那些开埠城市后，见识多了，看到经商或开厂办实业的人同样会有出息；而且那时的洋务运动又搞得轰轰烈烈，“实业救国”的口号在朝野上下流传，置身在这样一个社会背景的胡久如立志长大后也要办实业。

成年后的胡久如没有按父亲规划好的线路图从业，而是按照自己的人生旅途行走——经商及办实业。胡久如20岁那年，在中医世家出身的外祖父的帮助下，他先后在杭州、宁波、绍兴开设了多家东华药材铺（后改称东华永强药材铺），主要精力放在了药材生意上。赚了钱后，胡久如又开设了制药厂，取名叫东华永强制药厂（之前叫制药坊）。随着胡久如的生意越做越大，他又先后在宁波、上海等地开设了永大昌南货店、盛丰轧米厂，在武汉创办了大型东华染织厂，同时还与生意场上的好朋友到厦门合股开设工厂和南货商行。此外，他还持有一些公司的股票，生意做得非常大，武汉、宁波、杭州、上海、厦门、绍兴等地都有其产业，而不少产业他都委托自己的远房亲戚去张罗，也会分一部分股份给他们，因而他们都尽心尽责，门店和工厂都管理得井井有条，财富就像滚雪球那样越滚越大。

在胡久如轰轰烈烈进行创业时，父亲胡雪堂对他的婚姻大事没有少操心，而胡久如为了发展自己的事业，总是回避各方提亲，他不想过早结婚，过早被婚姻生活束缚，失去个人自由。但是，具有传统传宗接代思想的父亲是绝不能一再容忍儿子拖延婚姻大事的。在父亲一再的高压下，1896年春，23岁的胡久如娶了一个曾在朝廷当过御医的人的女儿做老婆。胡久如所娶的大家闺秀名叫胡娟萍，长得并不算漂亮，但模样还算清秀，能说会道，懂礼貌，再加之也姓胡，因而很得胡久如父母的喜爱，成了大家庭中的“主管”。

婚后不到一年，妻子胡娟萍为胡家生了个大胖小子，这让胡久如和他的父母高兴极了，胡家有后了，并给孩子取名叫胡宝根，意思是胡家有了宝贵的下一代。儿子满月那天，胡久如大摆满月酒，亲戚朋友、左邻右舍统统被邀请来喝酒，花费了一大笔银子。不过，这对于腰缠万贯、财大气粗的胡家来说，不足挂齿。在此后的五年里，胡久如夫妇又生下了两个漂亮的千金。

光阴似箭，岁月如梭。转眼胡久如年过半百，此时他的产业已经非常庞大，实力更加雄厚；他的儿子也成婚并生子生女，两个女儿也已出嫁。随着年龄的增长，胡久如希望自己唯一的儿子胡宝根能继承胡家的产业。但是，时年 25 岁的胡宝根却一点也不像爹妈，性格非常内向，不爱说话，更不喜欢跟着父亲“学生意”，整天除了看书、画画、写毛笔字，就是研究甲骨文，真可以说是一个四体不勤、五谷不分的书呆子。胡久如见儿子无意继承这一庞大家产，不由万分焦急，担心胡家会衰败。

为了使胡家产业有人接班，胡久如无奈之下只好纳妾。在胡久如 52 岁那年，他与一位买回家当用人的姑娘成婚，这位二房小老婆比他的儿子年龄要小，长得很漂亮，是混血儿，名叫佳佳。

混血少女遭家变

这位有着洋人血统的佳佳又是怎样来到胡久如家当用人的呢？其中还有一段心酸的故事。那是 1910 年仲夏的一天，胡久如到上海处理药材方面的买卖事宜，他来到广东路上的华西大药房，这家

药房的老板姓周，也是宁波人。周老板和胡久如是生意上的合作伙伴，周老板的药材都由胡久如供应，彼此讲信誉，合作20多年没有一件事办砸过，可以说，两人已成了好兄弟。那天胡久如来到华西大药房时已是午时，周老板就留胡久如吃午饭，叙叙家常。在吃饭过程中，周老板叫来一个小姑娘帮着斟酒。那小姑娘黄色鬈发，双眼有些发蓝，高高的鼻子，身材婀娜。胡久如见状就问周老板这姑娘是不是洋人，过去从未见过。周老板就一五一十把这姑娘的来历告诉了他：姑娘12岁，小名叫佳佳，中法混血儿，其父是在上海做百货批发的法国商人，母亲是舞女，名叫朱莎莎。当年，那位法国商人去舞厅跳舞时，见朱莎莎长得非常漂亮且舞又跳得好，就对她产生了好感，一开始是舞伴，日久生情，成了一对情人，并开始了同居。不久舞女朱莎莎怀孕，生下了女儿佳佳。法国商人在虹桥路为她们母女购置了一套别墅，定期给她们生活费。平时法国商人也在别墅住宿过夜，俨然是三口之家。但事实是这个法国商人已有家室，尽管他确实也真心喜欢舞女及女儿，却不能娶她，也不能把这母女俩带去法国。因而法国商人只能是一心顾“两家”：回国和妻儿过日子，到了上海就和朱莎莎母女生活在一起。就这样，法国商人和朱莎莎聚聚离离生活了12年。不过，女儿受到了很好的教育，非常懂事，会讲法语、英语及上海话。

常言道：“天有不测风云。”就在佳佳读初中那年，她的法国父亲在一次同客户谈生意时，因一时激动而突发脑溢血，被送到医院，经抢救捡回了一条命，但身体还是留有后遗症，行走做事大不如以

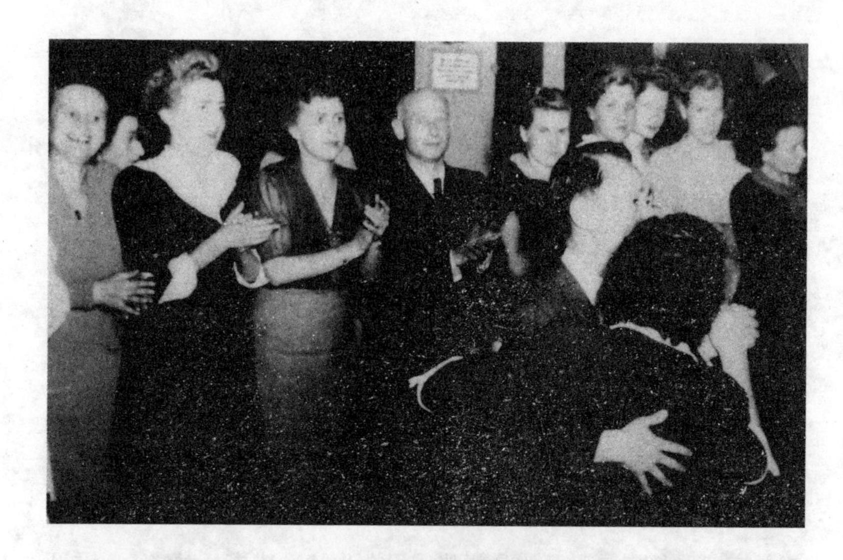

前。重病康复后的法国商人开始思念家乡，他要回法国进行康复疗养。临别前，他留给朱莎莎母女一笔生活费，并一再表示等身体恢复后，会再回上海同她们团聚。

离别的那天中午，朱莎莎母女俩一直将法国商人送到黄浦江码头。上船那一刻，法国商人一下抱住朱莎莎号啕大哭起来，仿佛生离死别。他在拥抱完舞女后又抱住女儿佳佳，叮嘱她："你要听妈妈的话，好好读书。"说完头也不回踏上了大轮船……

母女俩流着泪水，看着大船缓缓离开码头，渐渐消失在远处的江面上。一种从未有过的失落感和悲凉感萦绕在这对可怜的母女心头，她俩都意识到法国商人定将一去不返，他的身体状况已不容许他再回上海经商，他的家人也不会再让他离开家乡。

法国商人走了，留下朱莎莎母女俩，往日那种幸福快乐的生活一去不复返了，只有两人的家整日没有一丝一毫的生气。舞女朱莎莎非常怀念同法国商人一起生活的日子，她非常爱他，把他当作自己的丈夫，没有了他，她仿佛失去了主心骨。特别是精神上没有了依托的力量，她的灵魂就像是被他带走了似的，整天魂不守舍地流泪和叹气，有时还会一个人走到黄浦江码头去"等候他归来"，从上午等到晚上，但最终没有等到他"回家"的影子，连信都没有收到过一封。

舞女朱莎莎和女儿佳佳等呀，盼啊，半年多过去了，仍然没有法国商人的音讯。她俩失望极了，没有了"丈夫"，没有了父亲，这能成为一个家吗？自从法国商人走后，朱莎莎茶饭不思，身体每

LUSITANIA

况愈下，去医院看病被告知患了肺痨。在那个医学水平还不高的年代里，得了此病就等于被判了死刑。

朱莎莎知道患了肺病无药可救，但放心不下女儿佳佳，生怕把病传染给女儿，就决定把她送到朋友处寄养。但一个舞女又能有什么朋友呢，而又有谁愿意收养一个舞女和洋人的私生女？这一切朱莎莎也心里明白。经过一番掂量，她决定把女儿托付给自己做舞女时的老主顾——华西大药房周老板。当朱莎莎拖着病体说明来意后，周老板非常同情她的遭遇，答应将佳佳收为养女。

就这样，朱莎莎在生前就把女儿寄养在了周老板的药房内。佳佳也会主动帮着做事收账，周老板见佳佳乖巧懂事也非常喜欢她，并没有把佳佳当作学徒来使用。然而，纸包不住火，有人将这混血姑娘是舞女朱莎莎的私生女的传言告诉了周老板老婆。这可闹大了，周老板老婆冲到了药房要把佳佳赶走，还当着众人的面骂佳佳是小妖精，朱莎莎是大妖精，吓得佳佳流泪哭泣。

为了佳佳的去留，周老板与老婆闹翻了。不过，留佳佳在药房也终非长久之计。为此，周老板总想让佳佳有一个好去处，有一个温暖的家。这天正好老朋友胡久如来药铺，周老板想到了把佳佳托付给他。

大老板要娶混血美女

胡久如把佳佳带回宁波家里后，对家人说是从上海朋友那里买来的丫头，长大以后帮着管理家里的账目，要派大用场，因而佳佳在胡久如家像大小姐一样不用做事，有专门用人侍候她。不久，胡久如又把佳佳送进了当地的女子教会中学读书，让她继续获得教育，提高文化知识水平。为了方便起见，胡久如为佳佳重新改姓取名叫胡佳佳。

光阴荏苒，转眼佳佳已长到了18岁，出落成一个漂亮的大姑娘。每当她走在宁波的大街上，总会吸引人的眼球。胡久如见状总是乐在脸上，急在心里，生怕佳佳被人抢走。为了安全起见和家族大业着想，在佳佳过了生日的半年后，胡久如就把要娶佳佳为二房的事告诉了大老婆并得到了支持，他再去向佳佳说明。佳佳好像早有思想准备，对胡久如这样讲道："我是你领来的人，是靠你养大成人的，早就是你的人了，就在你到上海周老板家决定收留我时，我就知道你今后肯定会娶我。再从你不让我干家务事，还送我上洋学堂读书，证明你对我好是为了让我成为有文化的女人，做你的小老婆。说句心里话，你在我走投无路时收留我，哪怕今天我为你死都愿意，更何况是让我嫁你……"

胡久如听了佳佳这话感动得流出了眼泪，他没有想到她那么懂得他的心愿，那么理解和接受他，心甘情愿做偏房。

就这样胡久如人到中年又娶了一个年轻美貌的大姑娘为妾。在胡久如和胡佳佳婚后五年中，共生养了一女二男，大女儿叫胡小凤，二儿子叫胡维系，三儿子叫胡维业，意在要维系胡家的产业。三个小孩个个聪明漂亮，长得都像母亲，高鼻子、大眼睛、鬈头发、白

皮肤，一看就有混血儿模样。胡久如老来再得儿女，心里有一种说不出的兴奋。而自从他娶了二房有了三个宝贝儿女，生意越来越红火，工厂越办越大，钱越赚越多，还专门送了佳佳一座庄园，请五个用人侍候他们。三个孩子到了读书年龄之后一个个被送入宁波最好的学校读书。胡久如非常疼爱三个孩子，给予他们最好的生活条件，并对他们的未来早早做了安排：大女儿出嫁时，送一个药房做陪嫁；大儿子接管在武汉、宁波的两家织染厂；二儿子接管几大药房和一个制药铺（厂）；其他一些产业则由他同大老婆生的孩子去接管，让其过太平日子。胡久如的打算和安排应该说是完美的。

丈夫猝死，她被大房赶出门

然而，月有阴晴圆缺，人有旦夕祸福，就在胡久如事业蒸蒸日上，家里人丁兴旺之时，不幸突然降临了。1935 年春的一个礼拜天上午，胡久如刚吃完早饭准备带小老婆所生的三个儿女外出游玩，猛地摔倒在地上，不省人事了，等医生到家时人早已没救了。家里的大梁倒了，使这一大家人失去了方向，一下跌落到“无序状态”。大老婆所生的儿子虽早已成家有了自己的儿女，但他过惯了饭来张口、衣来伸手的生活，除了流泪焦急外，不知怎么料理丧事。而大老婆上了年纪身体不佳，除了一天哭到晚之外，也拿不出什么好办法来料理丧事。最后还是胡佳佳有主见，一手操办胡久如的丧事，请人念经做道场，丧事办得体面风光。当时参加丧事的亲朋好友都夸小老婆胡佳佳有本事，良心好。

常言道：“说者无心，听者有意。”当胡佳佳一手操办的丧事博得众亲朋好友的一致夸奖后，亲戚中有人提议希望这个“家”让胡佳佳来经营管理。然而，按照中国传统的家规，小老婆是无权继承家业和主持家庭事务的，更何况大老婆还活着，还有一个成年的长子在家呢！怎么也轮不到小老婆独揽大权，这样名不正言不顺。

但是大老婆儿子实在是无能也不喜欢管理企业，但又不愿让小妈胡佳佳来管理，生怕她独占。更何况他的妻子心眼多且又气量小，深知丈夫是个书呆子管理不了工厂店铺，就出了个馊主意，干脆把胡家的家产分割清楚后卖掉。这主意竟然得到了胡久如大老婆的赞同，毕竟这样做对自己儿子一家有利。

就这样，胡久如一辈子辛辛苦苦置下的产业一夜之间就被不孝的大儿子和大媳妇卖掉了。所有的钱都进入了他们的口袋，就连胡佳佳的那幢庄园也被他们狠心地卖掉了，只留给了胡佳佳一家上海宁波路上的药铺，算是给这娘儿四个留了条活路。这就是小老婆和其所生儿女没有名分和地位的结果。

面对大老婆、大儿子、大媳妇的咄咄逼人和无情地赶人出门，胡佳佳非常难过和伤心。她的孩子们还不懂事，她一个人要养活三个孩子真是不容易。曾有人劝她嫁人，有一个地主见胡佳佳长得漂亮，愿意娶她并承诺一定会把她的三个儿女当亲生孩子一样对待。但胡佳佳生怕儿女受苦拒绝再嫁人，毅然带着三个儿女离开宁波这一伤心地，回到了上海。

携儿女与洋父亲团聚

然而，让胡佳佳万万没想到的是：当她带着孩子们回到自己生活了 10 多年的别墅老屋时，竟发现房屋的外表依旧那样干净，门前种的两棵桃树和两棵苹果树还在，而且长得枝繁叶茂。她朝房门走去，竟然发现门还敞开着，胡佳佳不由一阵心慌，暗道："莫非这别墅早已被别人占用了？"好在母亲临死前把房契给了她，让她无论如何都要保存好。胡佳佳一直把这房契藏在一个秘密的地方，从未告诉过任何人，包括丈夫胡久如。眼下她见房子里竟然有人住着，不知是谁进了她家。胡佳佳怀着忐忑不安的心情带孩子们走到门口，见厅里的一切摆设还是那么熟悉，正面墙上的右面仍挂着那张全家福大照片，左面墙上挂着父亲抱着她拍的照片，厅里还放着父亲送给她的一辆红色自行车。一切都是以前的陈列和布置，所有的桌子、沙发、椅子等都是原样的东西。佳佳看到这一切仿佛在梦里。但她在咬了咬自己的嘴唇产生了痛感后深信自己不是在做梦，眼前的一切是真实的。

胡佳佳深感这一切太不可思议了，难道是……再一想完全不可能：母亲死后出殡，她是亲自送葬的。父亲中风回法国后就如泥牛入海一去不回，后来听闻他在一次灾难中意外身亡。母亲就是因得到这个消息生病去世的。到底是谁住在这里？胡佳佳怎么也想不出有谁会住在这里而保持这个家的原样不变。

就在胡佳佳带着三个小孩站在门口满腹疑惑时，只见一个满头白发，背略微有些驼，个子不高，身形瘦弱并拄着拐杖的外国老头从花园的门口走来。当看到有一大三小四个人站在别墅门口时，他停下了脚步。胡佳佳看到洋老头脸上的黑痣，一颗多么熟悉的黑痣，一个多么记忆深刻的身影……

胡佳佳突然朝洋老头奔去，用法语大声喊了一声："爸爸！"

洋老头愣住了，双眼呆呆地看着胡佳佳，他不认识眼前这个女人。

胡佳佳见对方看着自己没有反应，知道他认不出了，又大声道："爸，我是你女儿爱丽丝（这是她原来的名字）！爸，你不认识你

的女儿了？”

洋老头一听对方说是女儿爱丽丝时，一把抱住了她，激动地说道：“你是我女儿爱丽丝？你让爸爸我等得好苦，等得好久啊……”洋老头老泪纵横，感慨万千。

当胡佳佳让三个孩子叫洋老头外公时，洋老头开心极了。他等到女儿归来，而且还给他带来了小外孙，一下子使这个清静的家变得热闹了。

原来父亲15年前中风回法国疗养，他原本打算身体康复后回上海继续做生意，同胡佳佳母女俩一起生活。不料在法国出了车祸，他的妻子和两个女儿当场死亡，而他也受了重伤，手与脚骨头全部

断裂，在病床上整整躺了一年半，等身体全面康复后才回到上海。当得知佳佳母亲病死、自己的女儿被卖给他人时，他真是痛不欲生。后来，他也通过法国领事馆四处寻找佳佳的下落，都没有结果，但他深信只要这幢别墅在，这个家还在，女儿一定会回家来。没有想到他的亲骨肉真的回家了，还给他带来了三个外孙。而胡佳佳也因能在 15 年后同“死而复生”的父亲相聚而感到幸福。

性格不服输的胡佳佳一边照顾着家，一边经营着宁波路上的药铺，日子过得不错，女儿和两个儿子也都进入洋学堂读书，得到了很好的教育。1942 年，大女儿胡小凤读完高中后嫁给了一位商人，一年后生下了小外孙；两个儿子高中毕业后接管了药铺和后来开在汉口路上的南货店。

1947 年初夏，在胡小凤生下第二个小女儿后没几天，胡佳佳因照顾生病的父亲自己也不慎染病。不到一个星期，父女俩就相继死去。

也许是胡佳佳的父亲见女儿一生太苦太累，不愿让她再在这个世界上受罪，所以把她一起带到天堂了。

第二章

一个姨太太的失踪之谜

一身红装成为另类美女
她成了影坛宠儿
嫁入豪门生死成谜

她叫胡萍，1910年生于湖南长沙，青少年时代一直生活在那里。胡萍天生丽质又擅长唱歌、跳舞及写得一手好文章，在咖啡馆做服务员时被田汉发现，后经后者介绍进入上海大道剧社。从此，胡萍的人生有了转折，她成为一名舞台上的演员，并先后演出了《街头人》及《乱钟》等舞台剧、话剧。胡萍在舞台上的那种活灵活现的表演、楚楚动人的形象，深深打动了观众的心，使她声名鹊起。当时，几乎上海滩上的各大戏院舞台上都能看到她美丽的身影。胡萍在舞台上的极佳表演和漂亮容姿也引起了电影公司老板和导演的注意。1931年，胡萍被友联影片公司高薪聘为电影演员，拍摄了《海上英雄》和《绿林艳史》等。1937年，胡萍因出演《夜半歌声》而红遍全中国及东南亚。抗战爆发后胡萍息影去了香港，后又去了重庆，此后就销声匿迹，再无人知晓她的生与死。胡萍的一切永远成为一个谜。

一身红装成为另类美女

在20世纪30年代的上海滩上，胡萍的名字几乎是家喻户晓。

《狂欢之夜》特刊（上海 1936）

胡萍从演出舞台剧起，就成了上海滩上的一名美女明星，这不仅仅是因为她舞剧演得好，歌唱得悦耳动听，还在于她那美丽的身姿、漂亮的容貌、奔放的情调及女人的性感在舞台上得以淋漓尽致的展示。一些男性观众常常会被胡萍的那种特有的魅力迷住，到了散场时还会坐着一动不动，大有一种意犹未尽之感。有的男青年为了能多看胡萍一眼，还专门守候在戏院的后门，他们希望能看到卸妆后的胡萍，是否比舞台上的她更加漂亮。

胡萍在舞台上的形象确实非常美丽，而生活中真实的胡萍更是时髦洋气。胡萍特别爱打扮，也非常会打扮，她的打扮用现在的话来说特别另类。

胡萍爱红色，在她心里和眼里，红色是她的幸运之色、好运之色、吉祥之色。每逢冬天，只要是参加宴会、舞会，胡萍总爱用一身红色来打扮自己，即身穿一件红色的呢绒长大衣，脚蹬一双红色的高跟长靴子，头戴一顶红色的绒毛礼帽，手提一款红色而又精致的小方包，戴一双红色的羊皮手套，完全是一个红彤彤的“火人模样”。因此，人们都称她为“红色女郎”，也有人说她像冬天里的一把火，使人看了暖洋洋。

在舞会上，胡萍一身红打扮，显得非常热烈、高贵、奔放，使男舞客们争先恐后地邀她起舞。

她成了影坛宠儿

女人的美丽最能吸引人和打动人。胡萍美丽时尚的打扮及能歌善舞深深打动和吸引了电影公司的老板和导演。他们看中了胡萍的天生丽质和表演才华，认定她是一块当演员的“好材料”，相信她一旦上了银幕定能卖座。

1931 年，胡萍从舞台表演转到了电影界当演员。她先进入上海友联电影公司，先后参演了《海上英雄》和《绿林艳史》两部电影。这两部电影上映后反响不错，着实红火了一把。此后的胡萍可谓一发而不可收，不少电影公司都争着以高薪抢她。

1932年，胡萍"跳槽"到明星电影公司拍摄了《恋爱与生命》《姊姊的悲剧》等七部电影，其中《姊姊的悲剧》的剧本是由胡萍自己编写。这些电影在放映后叫好声不绝于耳，非常卖座，许多人到电影院都是冲着去看银幕上的美女胡萍。一时间，胡萍红遍上海滩，知名度不亚于胡蝶、阮玲玉、周璇和徐来等。

1933年，胡萍又被上海艺华影片公司高薪挖去拍电影，并先后参演了《烈焰》《女人》《时势英雄》等，同样每部电影都很成功，票房高。然而，真正使胡萍在电影界中"骤响惊雷"而赢得业内外人士高度好评的是其1937年主演的《夜半歌声》。在这部爱情片中，胡萍那高超的演技及催人泪下的内心真情流露，深深打动了所有观众。也因此片，胡萍在中国的电影史上留下了浓墨重彩的一笔。

嫁入豪门生死成谜

正当胡萍的演艺事业蒸蒸日上之时，抗日战争爆发。上海沦陷后，胡萍不愿为日本人拍电影而去了香港。从此，她就再也没有演过一部电影。在以粤语为主的香港电影界里，胡萍深感没有自己施展才华的地方，为了生存她不得不寻找靠山，唯有这样她才能在那里活下去。

一天，胡萍在由港府举办的社会名流舞会上认识了一位富商，两人"一见钟情"。胡萍深知要想在香港立足，必须要有一个有权

小夫人

势或有钱之人来依靠，富商也深知胡萍“钟情”的是他衣袋里的钱，而他所要的就是这位闻名上海滩的明星的美色。胡萍就这样开始了另一种生活：每天无所事事，一到晚上就到歌舞厅跳舞、喝酒，过着衣来伸手、饭来张口享福的日子。有人说胡萍颓废和堕落了，但胡萍说在香港没有她事业的一席之地，为了生存和填补心灵、精神上的空虚及寂寞，她只能这样生活与度日。

1941年，太平洋战争爆发，香港沦陷。胡萍又去了重庆。而此时的重庆在日本飞机的狂轰滥炸下已是千疮百孔，生活物资匮乏，百姓生活非常艰苦。为了活下去，胡萍也曾四处寻找工作，但在战乱纷繁的重庆失业者无数，哪还有工作岗位？胡萍在万般无奈的情况下只能嫁给了一个国民党部队的师长做姨太太。胡萍做了师长姨太太后就像一只被关在笼里的金丝鸟，生活得很压抑，精神上很痛苦。她曾找到在重庆的一位戏剧家，希望得到帮助重返演艺圈，但因为她的“男人”是手握兵权的实力派人物，谁也不敢帮助她。

胡萍在重庆重返演艺界的路受阻后，就产生了出走的想法。一天，胡萍慌慌张张地跑到重庆的一家银行取了一个大箱子，准备同师长一同出逃去云南，结果被凶狠的大老婆抓回家锁在房内。

然而，倔强的胡萍再次携款逃跑，不幸又被抓回痛打一顿，困在“家牢”里不得自由。据传，对生活彻底绝望的胡萍在一深夜悬梁自杀，又传胡萍自杀被一仆人救活后一起逃到山中过上了隐居的生活。

从此，就再也没有了胡萍的一点消息，一代美女明星胡萍的生与死成了一个谜。

小夫人

• 银舞（上海 1934）

小夫人

第三章

第一位『电影皇后』的悲惨命运

初出茅庐，一举成名

鼎盛时期万人崇拜

『影后』在风流公子怀中流泪

一代『影后』死于街头

上海这座城市曾在20世纪二三十年代被誉为远东第一大都市，又曾被人称为是“中国的好莱坞城”。这是由于上海成就了许多电影公司，造就了许多电影明星，堪与美国好莱坞相媲美，在这些明星中首位“电影皇后”是张织云。

初出茅庐，一举成名

张织云（1905—1970年）出生在上海一个普通家庭，她的祖籍为广东番禺。张织云从小就有表演天赋，少女时代的她就能歌善舞，并有很强的表演欲望，特别喜欢看戏、学戏，可以说，在她的血液中浸透着艺术的才华。1923年，18岁的张织云出落成一个亭亭玉立的大姑娘，她要让自己这朵美丽的“花”盛开在艺术的殿堂里——于是报考了上海大中华电影公司。张织云的高雅气质、大方谈吐深深吸引了大中华电影公司创办人顾肯夫、陆治等电影行家，她被破格录用了。

张织云进入大中华电影公司后，经过半年多的学习训练，表演

艺术得到了提高。1924 年，大中华电影公司拍摄了第一部电影《人心》,此片讲述的故事并不复杂。一家工厂老板的儿子在外私娶老婆，老父亲不承认这门亲事，小两口最后被迫分手。影片基调悲凉，令人动情洒泪。张织云在该影片中主演工厂老板的儿媳妇。1925 年，张织云又主演电影《战功》，影片上映后票房上座率极高，张织云的知名度再次上升。上海《申报》在介绍中国影星时重点对张织云作了介绍，夸她“姿容妙曼，表演生动，初上银幕而大为可观”，同行称她为“电影美姐”。

鼎盛时期万人崇拜

1925 年，张织云的事业进入了鼎盛期，她从大中华电影公司转入实力雄厚的明星电影公司，并成了公司的台柱，先后主演了《可怜的闺女》《新人的家庭》《空谷兰》《孤儿救祖记》《苦儿弱女》等电影。在张织云主演的这些电影中，《空谷兰》这部电影最令人难忘。张织云在此片中饰演一位善良女子纫珠，银幕上的她举手投足吸引着银幕下观众的目光，特别是那些哀怨悲恸、惆怅忧伤的场景更是深深牵动着无数观众的心，从而使《空谷兰》这部电影一票难

求。同年秋，上海新世界游艺场选举“电影皇后”，当时已红遍中国电影界的（各电影公司头牌）杨耐梅、王汉伦、宣景林、李旦旦、黎明晖等成为“电影皇后”候选人。经过数个月的激烈竞争后，于1926年2月选出“电影皇后”，张织云一举夺冠，成为中国电影界的第一位“电影皇后”。

此后，张织云的事业如日中天，由她主演的《未婚妻》《爱情与黄金》及《玉洁冰清》等电影非常卖座，南洋的华人电影商纷纷到中国购买由张织云主演的电影拷贝，而当时上海的各种月份牌画

仙
樂

师都以张织云为模特，照相馆把她的照片制作成明信片出售。张织云由此大红大紫，名声远扬。

“影后”在风流公子怀中流泪

成为“电影皇后”的张织云进出都有一大群人簇拥相随，她也成为许多男子心目中的“情人”。男人们写给她的求爱信就像雪片一样飘入她的家中，多少男人等候在电影公司门口只希望一睹她的芳容，不过，此时的张织云已经有了心上人。这位心上人就是在拍摄电影时给予她许多帮助的摄影师卜万苍，两人在一起切磋演技的过程中产生了感情，最后同居在一起。

然而，红极一时的“电影皇后”张织云被一个名叫唐季珊的富商看中了，他要“追求”张织云，而且发誓一定要将美人追到“手里”。

唐季珊是20世纪二三十年代著名的东南亚商人，主要经营茶叶生意。整个东南亚一带的茶叶生意几乎都被他垄断，因而被人称为“茶叶大王”。唐季珊做生意很精明、很有思路，在“情感生意”上同样做得“春风得意”。他很有男人魅力，又能读懂女人心，掌握女人的心理。凡是他想要捕捉的女人，没有一个不倒在其怀抱中。

唐季珊除了有女人缘，更是一个风流倜傥的花花公子。他很有“表演”天赋，也有“拈花惹草”本领。他喜欢文艺和娱乐，嗓音非常好，歌曲唱得好听，还会唱京剧，是一位正宗的京剧票友。他还会跳舞，舞姿潇洒漂亮，哪怕他不是富商也会有女人喜欢他。但是唐季珊喜欢同娱乐圈里有知名度的女人“交朋友”，娱乐圈里哪个女人走红，他就同走红的女人“交朋友”。对于“电影皇后”张织云，唐季珊先开始“曲线追求”，即通过熟人同张织云接近，然后以跳舞为名约她外出。通过接触，唐季珊发觉张织云还是一个涉

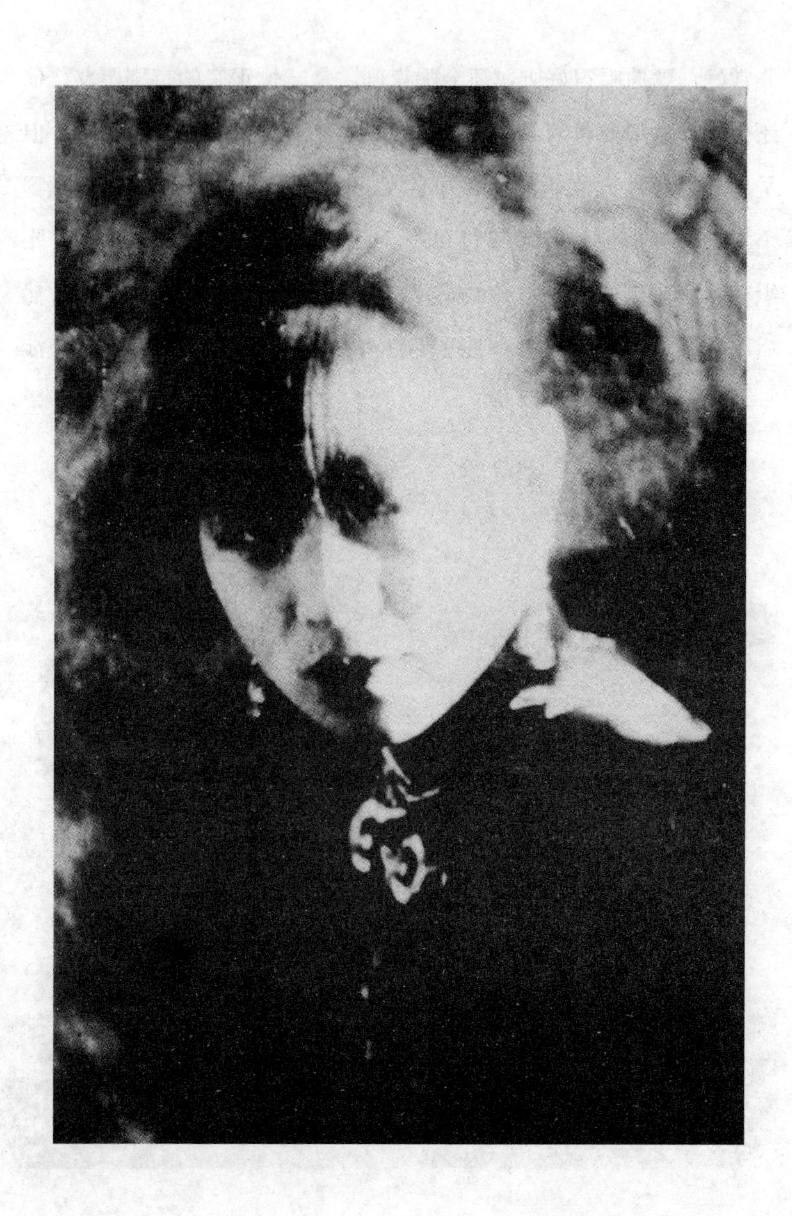

小夫人

世不深的女人，很容易“俘虏”，成功与否只是时间问题。为了讨得美人心，唐季珊这个风月场上的老手“绝招多多”。他用的第一招是：时常开车到电影公司接张织云下班，然后去外面兜风，到高档娱乐场所吃西餐、喝咖啡、跳舞、看京剧，还教她学开汽车，这使张织云在享受了高档生活快乐之后改变了人生观。紧接着唐季珊使出第二招：为了进一步博得张织云的好感，唐季珊还带她逛商店，只要张织云觉得哪套衣服、哪双皮鞋、哪只皮包、哪件裙子漂亮，唐季珊就会买下。唐季珊的阔绰、大气深深地打动了张织云的“芳心”，也使张织云意识到了卜万苍的“寒酸”。唐季珊见张织云已快成为自己的“猎物”，便又使出第三招：讨好张织云的养母。唐季珊利用接送张织云的机会同她养母处好关系，经常送礼物、送钱。养母对这位大方的富商产生了好感，而对“准女婿”卜万苍越来越不满。原因很简单，他没有钱，与唐季珊相比有天壤之别。不久，养母便催促女儿张织云同唐季珊成婚，要“赶走”卜万苍。最终张织云在见钱眼开的养母“挑拨”下，同卜万苍分手了，投入到了唐季珊的怀抱。

那是1926年夏天的一个晚上，也就是张织云同卜万苍明确分手的夜晚，张织云如释重负地从电影公司走出，门口等候着的唐季珊迅速下车打开车门让她上车。他俩去了一家英国人开设在南京路上的西餐馆，为彼此能真正“走到一起”进行一番庆祝。

在情调幽雅的环境中，身穿白色长裙的张织云娇柔地半躺在

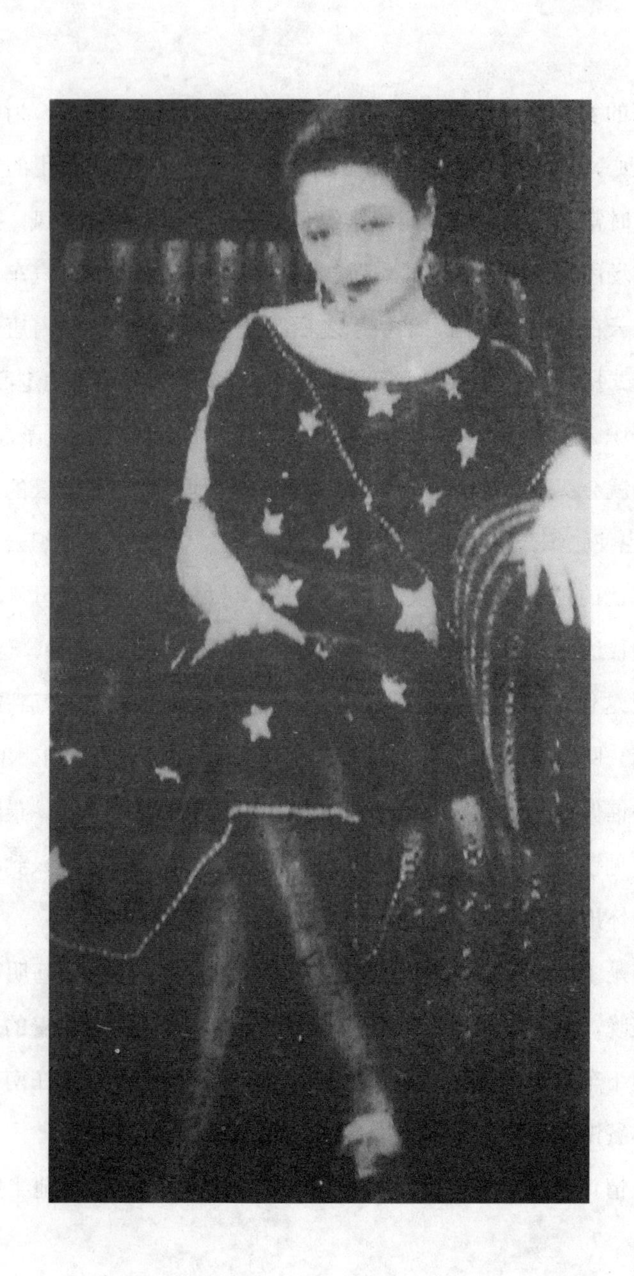

唐季珊的怀中，轻轻地拨弄着他的衣领。而唐季珊时不时地用叉子喂张织云吃东西。此刻二人沉浸在热恋之中，感受着只有异性之间才有的温暖的“爱与情”。晚餐之后，唐季珊没有把张织云送回家，而是直接上了西餐馆楼上的豪华客房。

张织云像散了骨架似地躺在床上，含情脉脉地看着唐季珊，问道："唐，你是真的爱我吗？"

看着美如仙女般躺在床上的张织云，唐季珊不假思索道："云，我怎么会不爱你呢？"说完他要撩张织云的白裙，被张织云挡住了。

"你能发誓爱我到老？"张织云定定地看着唐季珊。

"我发誓，爱你到天荒地老，海枯石烂，永不变心。"唐季珊大声地发着誓，随后猛然扑向张织云……

张织云沉浸在甜蜜中，把身子、真情、信任都给了唐季珊，把一辈子的幸福和希望也寄托在了他的身上。

1927年，张织云退出影坛，一身珠光宝气去美国"欢度蜜月"。这是中国第一位出国的电影明星，但她是以茶叶商"夫人"身份出国的。

常言道："纸是包不住火的。"后来，张织云知道唐季珊其实是有家室的，便吵着要唐季珊同结发妻子离婚，同她过一辈子。这对唐季珊来说怎么可能呢？第一，唐季珊事业的成功，全靠妻子娘家人的帮助，如果离开了妻子娘家人的支持，他将失去一切；第二，原配妻子把人生最宝贵的贞洁献给了他，而张织云已是一朵被别的男人采撷过的"花"，孰轻孰重不言而喻，唐季珊怎么会为了她抛弃结发妻子呢？唐季珊明确告诉张织云，同妻子离婚是不可能的。

张织云为了过富裕生活只能委曲求全，但不时还是会遭受唐季珊粗暴的拳脚。唐季珊根本不是为"爱"娶张织云，而是为"玩"才与张织云同居。当一个女人在男人心中没了新鲜感，"玩者"就会厌倦。唐季珊“摧残”了张织云四年后，无情地将她抛弃，因为他又移情别恋爱上了另外一个当红女星——阮玲玉。

一代“影后”死于街头

张织云被唐季珊抛弃后，为了生存，又回到了电影业重操旧业。然而由于她多年不演戏，技艺荒疏，过去的人气也因她的息影而散去，再加之不断涌现出漂亮的新影星抢占市场人气，张织云的复出只能是“死路一条”。曾有电影公司为她“量身定做”了以她身世为背景的电影，结果放映后观者寥寥，电影公司因此亏了本，之后再也没有人请张织云拍片了。

张织云把爱情、青春及事业全部献给了唐季珊，结果不仅一无所获，还失去了一切。无奈之下，她去了香港，试图在那里发展，但一无所成，依旧过着贫困交加的生活，时常因付不出房租而流落街头。此时已无人知道，也无人相信这位沿街乞讨、露宿街头的女乞丐曾是中国早期红遍上海滩的“电影皇后”。

某个秋天的早上，香港一条破旧的小巷子里，在一间破房屋的屋檐下，一个蓬头垢脸、衣衫褴褛、浑身发臭，手握着一根木棒的女子一动不动地蜷缩在地上。警察和救护人员赶到后，发现人已死亡。她不是别人，正是一代“影后”张织云。

第四章

冷艳『影后』倒在富翁脚下

阮玲玉喜欢美发烫发
服装设计师眼里的阮玲玉
冷艳『电影皇后』被花花公子俘虏
深夜『悲情影后』留下遗书
社会各界为巨星哀悼
痴心影迷追随阮玲玉香魂而去
送美人最后一程

在20世纪二三十年代里，阮玲玉这个名字在上海无人不知，她出色的演技和冷艳的形象令人难忘。人们更为她那如林黛玉般多愁善感性格和悲悲切切的人生而动情。

对于阮玲玉的气质及美貌，曾有人运用《红楼梦》“警幻仙姑赋”中这样的四句来形容：

羡彼之良质兮，冰清玉润；
羡彼之华服兮，闪灼文章；
爱彼之容貌兮，香培玉琢；
美彼之态度兮，凤翥龙翔。

阮玲玉如赋中所写到的那种形象之美，除她天生丽质外，更离不开十里洋场一些著名商家及服务行业中的“大师们”的精心“打造”，可以说南京路上的高档美发厅、服装公司、照相馆等都曾为阮玲玉服务过。

20世纪80年代初，一些高档服务业的大师们还时常讲到阮玲玉的那些鲜为人知的事情，让人听了有一种“全新”的感受。

小夫人

阮玲玉喜欢美发烫发

从20世纪20年代末起，上海掀起一股“烫发热”。这种烫发是通过药水和电加热使头发由直变鬈，再用吹风机梳理造型。头发经过处理后形成弯弯的波涛形，当时称这种西洋发型为“水纹式”或“麦瑞式”，到了30年代中期统称为“波浪式”发型。当时那些时髦女郎对这种西洋发型趋之若鹜，而已在影坛上崭露头角的阮玲玉也烫起了这种洋味十足的时髦发型。

二三十年代红遍上海滩的“女式发型大师”刘瑞卿是静安寺路（今南京西路）上华安美丽馆（今华安美发厅）的“红牌”。当时华安由洋商开设，故新式发型都是从华安流传到社会上的，华安成了引导上海美发新潮流的理发店。而阮玲玉特别喜欢到华安美发烫发，而且每次指定刘瑞卿为她剪发，久而久之二人成了好朋友。

一天，阮玲玉手里拿了一本外国电影画报来到华安美丽馆，悄悄把画报给刘瑞卿看，画报上全是美国好莱坞明星的照片。阮玲玉指着照片上一个女人发型说要烫这样的。刘瑞卿就按照电影画报上的发型为她精心地剪发、火烫、梳理，没多久，阮玲玉头上的万千发丝就变成了时髦的“波浪式”发型。阮玲玉看了后高兴极了，为此她还特地到照相馆拍了几张照片。

由于阮玲玉的发型烫得漂亮，她的许多同事也都仿效烫起了

“波浪式”发型。后来当有人问阮玲玉怎么会想到烫这种西式发型时，阮玲玉解释，这是电影画报上美国好莱坞电影巨星葛丽泰·嘉宝的发型。后来此波浪发型被取名为“嘉宝式”而风靡全上海。

曾有人这样赞美阮玲玉：她如同徘徊游荡人间的精灵。一身素服，一袭金缕，以及照片中额角那袅袅婷婷的时髦发式，她的摩登风采在不经意中便尽情展示出来了。

而她喜欢的那些时髦而漂亮的发型，是打扮、美化与点缀其美丽形象的重要因素。

服装设计师眼里的阮玲玉

人称阮玲玉是冷艳美女，这除了她天生的哀愁与忧郁的气质外，她的穿着也带有一种哀愁的成分：她喜欢穿素色的服装。而她所演的电影中的不少角色也都是“悲切哀愁”的人物，这也许是阮玲玉的性格使然？又或许是“天生”的性格与“后生”兴趣两者皆有之。素色的穿着，悲切的性格，真应了《红楼梦》中的“其素若何，春梅绽雪；其静若何，松生空谷”的诗句。

20 世纪二三十年代，闻名上海服装业的鸿翔时装公司的著名服装设计师马大师同阮玲玉是好朋友。阮玲玉每次要做衣服都请马大师设计制作，马大师就成了她衣着的“个人顾问”。马大师在 80 年代初谈起“鸿翔”历史时说起了阮玲玉：当时许多明星和有钱人都

小夫人

喜欢到“鸿翔”做服装，其中胡蝶和阮玲玉是他的老主顾。而阮玲玉每次所选衣料的颜色都比较素雅，要么是素色的印花布料，要么是浅色的条纹或条块的布料，很少见她做色彩鲜艳的服装。

一天，阮玲玉拿来一块格子布料让马大师做一件旗袍，马大师问阮玲玉为什么不挑选颜色浓烈一些的布料呢？阮玲玉回答：“我天生好像就不喜欢穿鲜艳的衣服，就是爱穿淡雅的。”马大师曾这样对人说，他为阮玲玉做了几年的衣服，没有见她穿过一件颜色花哨的衣服，在这方面她不喜欢“欧风美雨”。

阮玲玉是一个冷艳美人，她犹如空谷中绽放的一朵兰花，一枝傲放在冰天雪地里的白色梅花。

冷艳“电影皇后”被花花公子俘虏

话说唐季珊在还没有正式抛弃张织云前，他早已移情别恋，中意于冷艳美人阮玲玉。而此时正是30年代上海电影业处于蓬勃发展时期，并不断有红影星涌现，阮玲玉当时因在《古都春梦》《三个摩登女性》《小玩意》《城市之夜》等影片中有出色的表演而赢得观众的一致好评，名声红遍上海滩，早已是许多青年人的偶像。唐季珊这位捕捉女人的老手又开始重点关注起“海上新巨星”阮玲玉。

1932年“一・二八”事变爆发，日本把战火烧到了上海。一些有钱人为了安全纷纷躲到了香港，阮玲玉和第一任丈夫张达民携养女一同到了香港。而此时已成为“联华”公司大股东的唐季珊也

電影畫報
第十六期
NO.16

在香港，由于大家都是来香港避难，又同处“娱乐圈”，难免在一些文艺活动中要碰面。一次，阮玲玉在参加一个社交活动时同唐季珊不期而遇，双方并没有过多交流，只是礼节性的应酬。当时阮玲玉根本没有在意过唐季珊，而唐季珊却早已倾心于阮玲玉，所以唐季珊非常重视这次碰面。当他得知阮玲玉喜欢跳舞，就不失时机地邀请阮玲玉共舞，以便多接触她。

在共舞的过程中，阮玲玉了解了唐季珊的情况，再加之唐季珊善于对女人说甜蜜话，他给她留下了好印象。此后，二人开始了交往。老道而擅长捕捉女性心理的唐季珊又使出了其“投人所好”的招数，频频邀请阮玲玉到高档舞厅跳舞，到法国餐馆吃大餐，到珠宝商店购饰品，等等。张达民与这个成熟男人相比，自然高下立现。阮玲玉把爱的天平转向了唐季珊。

唐季珊为了早日“俘获”阮玲玉，想尽一切办法让她开心和满意。有一次，阮玲玉感到身体有点不舒服，吃东西无味。唐季珊知道阮玲玉喜欢吃蛋糕，马上为她买来了一只奶油蛋糕。细微的小事让阮玲玉觉得这个男人对自己是在意的。

在唐季珊爱情攻势下，没过多久，阮玲玉便投入到了唐季珊的怀抱之中。唐季珊在新闸路为她买了一栋三层的小洋楼，他俩开始了同居生活。而就在阮玲玉尽情享受新生活之时，已被唐季珊抛弃的张织云给她写了一封信，告诉她唐季珊是一个玩弄女人感情的男人，自己的今天就是她的明天。但是正陷入爱情中的阮玲玉哪里听得进张织云的话，以为她是出于嫉妒，挑拨自己同唐季珊的关系。

而就在阮玲玉与唐季珊“小日子过得热火朝天”之时，与阮玲玉同居八年的张达民心里非常不平衡，再加之生活潦倒，开始盯着阮玲玉纠缠不清；而软弱善良的阮玲玉为了“息事宁人”总是满足张达民的要求，可潦倒的张达民开始耍起了无赖，三天两头找阮玲玉要钱，而且数目越来越大，把阮玲玉当成他的“摇钱树”。一天，张达民向阮玲玉狮子大开口要五千元。阮玲玉打算一次性给他后，彻底斩断关系。但当阮玲玉和唐季珊商量这事时，唐季珊把脸一沉对阮玲玉说："我是不会出一分钱的，要给张达民钱，你自己出。"阮玲玉得不到唐季珊的资助，也就无奈地拒绝了张达民的要求。张达民见平时软弱顺从如绵羊的阮玲玉如此无情，就到法院控告阮玲玉偷了他家东西给唐季珊。法院受理了此案，这等于把唐季珊也告上了法庭。一些小报纷纷报道了这条新闻，而唐季珊这个要脸面的人怎么能吞下这口气，他为自己所谓的脸面要阮玲玉登报声明：他同张达民所控告之事无关。可怜的阮玲玉为了保住与唐季珊的这份"感情"，她在报上登了声明：自己同唐季珊同居，经济是独立的。以此证明一切同唐季珊无关。

阮玲玉是一个非常要面子的女人，她被张达民诬告及被小报诋毁之后，精神上的压力很大，而此时的唐季珊不但不帮助阮玲玉，反而对阮玲玉产生了"厌倦"。有一次，阮玲玉因应酬回家晚了，竟被唐季珊关在门外，还骂道："什么红明星，你当你是什么了不起的人。"阮玲玉母亲去开门也被唐季珊恶狠狠地阻止。阮玲玉只好在屋外伤心地流泪。曾有邻居多次听到阮玲玉被唐季珊打骂的哭啼声，也曾有阮玲玉的同事说多次看到她换衣时肌肤有乌青或红肿。由此可见，唐季珊正如张织云写给阮玲玉的信中所说的，他是一个粗野的坏男人。

阮玲玉面对唐季珊的粗野动武，意识到：他一定是厌倦自己了，并且断定他又有新的女人了。很快阮玲玉发现唐季珊的"新欢"是上海滩上一个很有名的舞女梁小姐，人长得很漂亮，舞跳得也好，

小夫人

还参演过一些影片，是阮玲玉的同行。阮玲玉默默地把这事压在心里，但内心非常痛苦与悲凉，一切美好的希望幻灭了，人生于她就是一出悲剧。平时就多愁善感酷似林黛玉的阮玲玉开始整日沉默无语。一边是小报的议论与诋毁；一边是心上人在她最需要帮助和安慰的时刻，非但不帮助，反而移情别恋。这使阮玲玉深感无助和孤独，她的精神开始崩溃，她的人生幸福航船开始颠覆……

深夜“悲情影后”留下遗书

1935 年 3 月 7 日晚，天上没有星光，没有月光，没有一丝微风，唯有黑黑的云霾笼罩着大地，整个夜晚一片死寂。

然而坐落在新闸路一条弄堂内的一栋三层小洋房内却不时传出男人粗野的打骂声和一阵阵女人的哭泣声。那哭声听上去很绝望，让人听了不由地怜悯。午夜时分，哭声渐渐由低弱到无声。

小洋房底楼一间厢房的灯还亮着，透过窗户望去，只见一个双眼蓄着泪水的年轻女人在伏案写东西。这个女人就是阮玲玉。

伤心至极的阮玲玉在伏案写什么？她在用冰凉之心写“人生的绝望之书”。

季珊：

没有你迷恋“×××”，没有你那晚打我，今晚又打我，我大约不会这样做吧！

我死之后，将来一定会有人说你是玩弄女性的恶魔，更加有人会说我是没有灵魂的女性，但，那时，我已不在人世了，你自己去受吧！

过去的织云，今日的我，明日是谁，我想你自己知道了就是。

我死了……没有我，你可以做你喜欢的事了……

阮玲玉写完遗书后已是3月8日凌晨2点，在她准备同这个世界诀别时，走到梳妆台前，先用手绢擦拭了一下眼角的泪痕，随后将头发梳理了一下，穿戴整齐后打开手提包取出一瓶安眠药，然后抬头看了看屋内四周的一切，带着一种依恋、惜别的心情猛然把药吞入肚内……

阮玲玉躺在床上，闭上双眼，而泪水却像泉水般地涌了出来，这是她对生活绝望的眼泪，是对身边男人彻底绝望的眼泪……

就这样，绝代佳人阮玲玉从此永远离开了她的影迷们，曾有人为她惋惜而作诗哀悼她：

绝艳美人离凡间，
红颜命薄古今同。
香消玉殒永诀别，
多少世人痛断肠。

1935年3月8日，成了上海滩电影迷们的伤心之日。

社会各界为巨星哀悼

阮玲玉服药自杀的噩耗一传开，在全国的“阮玲玉影迷圈”中引发了一片“哀潮”。许许多多的女性影迷哭泣、流泪，一些女大学生在学校自发地组织活动，为阮玲玉吊唁，为她默哀，为她痛哭流涕，为她哭断肝肠。

还有一些上了年龄的妇女在家里手捧阮玲玉的照片暗暗流泪。她们太喜欢阮玲玉了，对痛失自己心目中最可爱的电影明星有些不能接受，希望这不是真实事情而是谣传。在南市，有一个小女孩下午放学回家告诉母亲，学校老师都在说阮玲玉自杀了。小女孩母亲听了这话后火冒三丈，扇了女儿两记耳光，并骂女儿胡说八道。小女孩的母亲是一个“阮玲玉迷”，她怎么能接受阮玲玉去世这一事实，小女孩挨了母亲耳光只能委屈流泪。

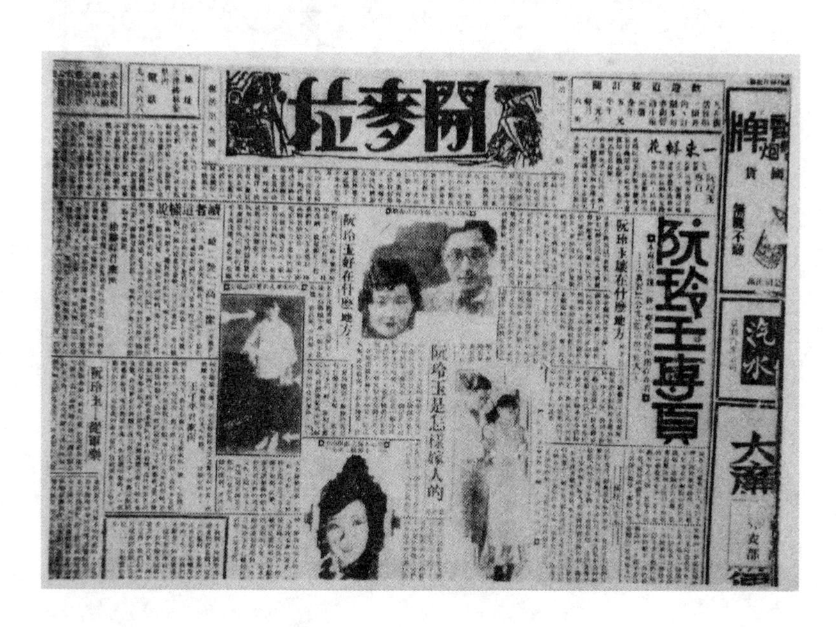
開麥拉

阮玲玉專頁

阮玲玉是怎樣嫁人的

中華民國三十年三月八日　中國藝壇日報　星期六

紀念阮玲玉特刊

哀思輯

[illegible]古人，[illegible]來者。（[illegible]）

她爲我們建立了[illegible]藝術；可是，我們這一代，卻[illegible]在她的後面。她的[illegible]在我們[illegible]中是偉大了。（[illegible]）

她的[illegible]給了我們很寶貴的教訓；她的[illegible]的演技，永遠成爲我們的榜樣！（[illegible]）

她給[illegible]我們[illegible]！（[illegible]）

關于阮玲玉

[illegible]

今昔不同

司徒[illegible]

在我們腦中永久不能磨滅的是阮玲玉！[illegible]，在她還活着的時候，曾有過很好的宣傳，很精明的代理人。[illegible]，她的[illegible]演技，給我留下了深刻的影子。

我們知道阮玲玉的死，是受人家的[illegible]的。然而現在年代[illegible]，有些女明星竟以受人[illegible]爲出名的法寶，把[illegible]作宣傳，[illegible]

我們[illegible]阮玲玉[illegible]

就是[illegible]一點，阮玲玉就[illegible]以使人[illegible]了。

[illegible]

王莉莉做明星

[illegible]

[illegible]

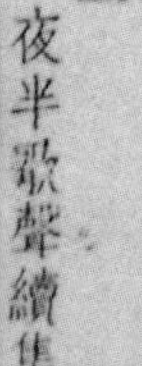

夜半歌聲續集

驍勇：「這個世界實在太殘酷了，太不公平了，眼看着許多有用的人都做了犧牲品，而那些[illegible]都在那兒過着[illegible]的日子……丹青……丹青是忠於人類的，他爲什麼死得這樣慘！……綠娣小姐也是一個有用的人，她爲什麼要受到這意外的摧殘？（仰望蒼天）……難道這世界就[illegible]下去了嗎？就永遠沒有光明的一天了嗎？（堅決地）我不信…我不信！」[illegible]小鵑。

八（近景）[illegible]，注視小鵑二人，[illegible]有頃。

九（近景）兩車[illegible]，兩人各懷悲憤，[illegible]無語。

十（近景）[illegible]同情之色，[illegible]一步（對鏡頭）[illegible]小鵑[illegible]。

阮玲玉女士遺像

南京路上的鸿翔时装公司的老板和职工得知阮玲玉自杀后，都情不自禁地伤心流泪，老板还特地买了一个大花圈写上挽联送到新闸路阮玲玉的家里。

南京路上那些曾经为阮玲玉洗过头、烫过发、吹过头的理发师等得知她自杀消息后，许多人都流泪了。一些理发师用扬州话惋惜地说道："这丫头人真好，对人客气没有架子，她不能走啊，丫头还很年轻啊……"

一些影院、戏院里的职工得知阮玲玉自杀后，也纷纷伤心流泪。他们不约而同地在阮玲玉宣传海报照片前默哀，因失去喜爱的影星而难过悲痛。

8 日傍晚，有人找到沪江照相馆的老板姚国荣和姚文娟，请他们把阮玲玉的玉照放大。阮玲玉生前常在这家照相馆拍照，兄妹俩与阮玲玉感情很深。为了使阮玲玉"走好最后一程"，姚氏兄妹在数十张阮玲玉的玉照中挑选出了一张特写肖像照，并经过整修放大成一张 72 寸的大幅照片，这张照片后来在阮玲玉出殡时所用。

痴心影迷追随阮玲玉香魂而去

一代佳人阮玲玉服药自杀离世，不仅引发了一阵"悲哀潮"，更引发了一场令人不可思议的"追随潮"。一些特别喜爱阮玲玉的女性影迷，面对阮玲玉的"突然自尽"在精神上一时不能接受，仿佛是晴天霹雳。尤其是一些情感脆弱的少女、生活中遇到情感挫折的女人，听到“悲情影后”自杀身亡消息，引发了自身的伤感，难以自制也走上了自杀之路。

上海有一家戏院老板的小老婆，出嫁后一直遭受大老婆的欺侮和丈夫的冷待，想想自己的命运同阮玲玉是一样的，得知阮玲玉自杀的消息后悲从心起，在留下“人活着有受不尽的痛苦和烦恼”的遗言后服药自尽。

另有一位名叫项福珍的女士，听到阮玲玉自杀的噩耗后，也服毒自尽，她在遗书中这样写道：“我特别喜欢阮玲玉。她走了，我

阮玲玉生前死後

阮之家勢

識張達民

識唐季珊

初入影界

也要随她而去，永远做她的影迷。”

绍兴有一个姓夏的影迷得知阮玲玉自杀身亡后，竟然精神失常，整天流泪不止，不吃不喝地躺在床上。家里人不知她发生了什么事，当第二天早上发现她留下的遗书时，才恍然大悟，原来是随阮玲玉而去了。

杭州联华影院女招待员张美真是一个实实在在的“阮玲玉迷”。阮玲玉饰演的悲情剧，她每部必看。阮玲玉在她的心目中就是一个完美无缺的偶像，是心中的神。阮玲玉自杀后，张美真感到生活没有了方向，更失去了精神寄托，这样活着就没有了意义，便也服毒自尽。

有一位情感受挫的李姓女大学生，她在遗书中这样写道：“我喜欢阮玲玉，我把阮玲玉当作我生命中的偶像和一盏大海里航行的导航灯。我的人生经历同阮玲玉戏中所扮演的人物非常相似，只有苦和悲，现实生活中的阮玲玉和我的命运也相同，像她这样一个明星都觉得生活无味而自杀，那我活着还有什么意义，导航灯熄了，我的人生旅途就没有了方向……我将永远随她而去。”

据当时媒体报道，自从阮玲玉3月8日自杀身亡的消息传开后，仅上海就有多人随阮玲玉香魂而去，其中有五名少女。这些随阮玲玉而去的人在她们的遗书中几乎都是围绕“因阮玲玉死了，自己活着没有什么意思”这一“主题思想”，这真是“痴迷太深难自拔，轻生只为阮玲玉”。

《聯華畫報》“阮玲玉紀念專號”

送美人最后一程

绝世美人，香消玉殒，让多少人为之动容。当阮玲玉的遗体从“家里”移置到万国殡仪馆后，全国各地的影迷们纷纷从四面八方涌入万国殡仪馆，一睹这位影后的遗容。

公共租界上的巡捕房为预防发生意外，派出大量的巡捕人员到现场维持秩序，快速疏导人群。据当时有关人员统计，那时每天进出万国殡仪馆送别阮玲玉的影迷有六七万人左右。

1935年3月14日，阮玲玉出殡之日，她生前的近300位好友早早来到了万国殡仪馆灵柩停放厅，最后守护着这位昔日的好朋友、好同事、好姐妹。他们为这位青春韶华、却如昙花匆匆凋谢的阮玲玉而伤心流泪。

下午1时10分，出殡仪式正式开始，由金焰、孙瑜、费穆、郑君里、吴永刚、蔡楚生、黎民伟等20位电影界大腕将存放阮玲玉遗体的灵柩抬上了灵车。灵车上高耸着阮玲玉一幅遗像。

灵车缓缓地驶向闸北联义山庄墓地，送行队伍除阮玲玉的生前好友之外，还有阮玲玉的影迷和喜欢她的市民，长长的送行队伍如一条巨龙。灵车所到之处，人头涌动，不时听到女人们的低泣声，人人表情悲哀，心情沉痛。

在沿途送行者中，有不少人手里提着装满白色花瓣的竹篮，跟

随着灵车一路撒着花瓣，这是影迷们在送阮玲玉最后一程。

他们是在为阮玲玉做祈祷，希望上苍保佑阮玲玉能一路顺顺利利地到达另一个“天堂世界”，无忧无虑地在“天国”生活。

据当时媒体报道，阮玲玉出殡的那一天沿途送行者不少于30万人。

美国《纽约时报》驻沪记者见状极为惊奇，特意撰文报道此事，称之为“世界上最伟大的哀礼”。

小夫人

第五章

母女为生存出嫁当小老婆

大房不生娶二房
为生儿子娶三房
母亲嫁人成填房
为了生存做二房

她，名叫刘小花，1912 年生于上海，父亲是一位理发店老板，从小生活在理发世家，对理发这一服务行业耳濡目染。刘小花 14 岁跟着继父学习理男女式发型，四年后成为一位理发师，后来成为云南路上一家高档理发店老板的姨太太。

下面是刘小花讲述自己的亲身经历。

大房不生娶二房

我的父亲叫刘根林，扬州人。父亲的理发技术非常好，在四马路（今福州路）和广西路交叉口开设了一家中型理发店。由于这个地段妓院和戏院多，所以理发店的生意一直非常好，我父亲也赚了一些钱。在那个年代，男人只要有钱，就想娶姨太太。我父亲娶了三个老婆，我母亲是第三个小老婆。父亲娶的第一个老婆是扬州老家人，长得不漂亮，是我祖父母做主定下的娃娃亲，父亲不喜欢。奇怪的是，大老婆婚后十年一直没有生育，也许是父亲不喜欢的缘故吧。结婚十年没有一男半女这怎么行呢？父亲在征得我祖父母同意后，又娶了二房。那二房名叫张小娣，芳龄 18 岁，比父亲小 12

岁，也是同乡人，长得眉清目秀，小巧玲珑。二房性格非常温和，平时少言寡语，从不和大老婆发生矛盾，再加上她洗衣烧饭样样在行，整日忙里忙外，所以很得大老婆和丈夫的欢喜。

不久，二房怀孕了。我父亲高兴极了，买最好吃的东西给她，而且专门请了一个用人来照顾她，什么事都不让她干。她成了家里的“宝贝”。约六个月过去后，二房的肚子越来越大，远远超过了其他孕妇的肚子。我父亲是一个非常细心的人，他预感到二房可能怀了双胞胎，为此，特地带她到仁济医院做妇科检查。一位有经验的妇产科医生检查后证实了二房怀的是一对双胞胎。我父亲自然喜出望外，回家后对二房更是百般照顾和宠爱。他盼望着她能生下一对健康、聪明的双胞胎儿子，这样就能了却自己许久以来的心愿。

然而，二房虽然肚子争气，但是结果却不理想。她为父亲生下了一对双胞胎女儿。父亲的兴奋劲儿一下子消失了，只对二房说：“女儿也行。”那时父亲想，只要二房能怀孕，不愁生不出儿子，刘家也就不会断子绝孙。一年后，二房又怀孕了，结果又生下一个千金。这次，父亲沉默地接受了这一结果。又过去一年，二房再次怀孕了。父亲为了能得到儿子，还专门到杭州灵隐寺烧香拜菩萨。不料事与愿违，二房还是生了一个女儿。这下把我父亲急坏了，家里一下子有了四个女儿，却没有一个儿子。为了得子，父亲专门请来高人为他算命。那高人说他命中有子，但如再与二房同房，一辈子不会有子，因为父亲和二房命中水火不容，只能生女，不能生男。

从此，父亲就不再和二房同房了。为了能得到儿子，父亲只好再次娶妾。

为生儿子娶三房

父亲回到扬州老家花钱从乡下娶了我母亲做三房。那时我母亲才 17 岁。因家里穷，小孩多，我外公外婆为了减轻负担就同意把母亲嫁给父亲做妾。

婚后不久，母亲就怀孕了，而且怀的也是双胞胎。父亲见状既高兴又担心，高兴的是三房一结婚就有喜了，怕的是三房也生女儿。为了保佑三房能生个儿子，父亲又一次去杭州灵隐寺烧香拜菩萨，还捐了不少钱。然而，一切无济于事，母亲还是只生了一对双胞胎女儿，我是老大。父亲为此也只好摇头叹息。两年后，我母亲再次怀孕。父亲又专门到杭州灵隐寺去烧香拜菩萨，他不相信得不到儿子，否则他要继续娶第四房小老婆。

我母亲生产时，父亲就一直在门口等候着。当他听到第一个生的又是女儿时，他的双腿竟然发抖了，人一下瘫坐在椅子上，不由长长地叹了口气，连连摇头。家里已经有六个女儿了，这儿子怎么还不来呢？就在父亲的心情跌落到谷底时，他猛然听到了响亮而有力的“哇”的一声。房内接生婆高声说：“是儿子，是儿子……”父亲一听我母亲为他生了一对龙凤胎，不由兴奋地从椅子上跳了起

来，情不自禁地大声叫道：“我有儿子啦！我有儿……”突然父亲倒地不省人事，送到医院后已断气了。

也许这就叫乐极生悲，喜讯变成了噩耗。

母亲嫁人成填房

父亲突然去世，使这一大家子人陷入了困境。大房虽然年龄大些，但人太老实不会持家；二房从小长在上海，也是一个老实人；我母亲从农村来到上海，年龄最小，更不会持家。最后还是由二房在其父亲的帮助与护持下管理我父亲留下的理发店的经营业务，大房和我母亲主要是操持家务，一起带好孩子。靠理发店赚的钱，也算能使一家人过上吃饱穿暖的小康生活。那时我们一家共有三个母亲：大房叫大妈，二房叫二妈，我母亲叫三妈。一家人生活在一起非常和睦。大妈对所有的孩子都视为己出，从不偏袒谁。二妈和我妈对孩子们也同样如此。由于三个母亲对每一个孩子都能做到一碗水端平，因而我们姐弟八个平时相处得很好，一起做游戏，一起在门口玩耍，从来没有吵闹打架。也许是遗传基因的缘故，我们八姐弟个个性格温和，故左邻右舍的大人都很喜欢我们，每逢过年过节还会送糖果给我们吃。

我二妈特别有远见，凡家里小孩到了 8 岁都要送到学校去读书，让我们每个人都能认识字，起码都会写信。我们的三个母亲平时都

非常节俭，从不乱花一分钱，她们想到的是让孩子们生活，无忧无虑。二妈每天都很晚回家，一到家就把当天的营业收入交给大妈保管，谁也没有想留一些私房钱预防不时之需。在三个母亲的勤俭持家下，我们家的小日子总算过得还可以，每逢过年孩子们都能穿上一套新衣服，还能拿到大人给的压岁钱。

然而，天有不测风云。在我 10 岁那年的夏天，发生了意想不到的巨变：大妈不知得了什么怪病高烧不退，去医院医治仍不见好转，不到一个星期就去世了。在我大妈刚死不到两天，我大姐二姐也得了怪病，高烧不退，同大妈的病症一模一样，送医院检查不出什么症状，没几天大姐二姐也死了。二妈和我妈非常难过，整天都以泪洗面。但是，屋漏偏逢连夜雨，我家赖以生存的理发店突然发生了火灾，整个屋子全烧光了，还殃及左邻右舍，要求赔偿的人每天在我家门口吵闹。最后家里原有的一些积蓄全都赔给了人，但仍是杯水车薪。无奈之下，我们只好把住的房子卖了赔偿别人。

我们家变得一无所有了。二妈带着她生的两个女儿回到了娘家，母亲带着我们姐弟四人在我表姨妈家暂时居住。由于我表姨妈家经济条件也不好，住房也不大，我们一家人入住后，给他们家带来了不少麻烦和生活压力。后来我表姨父为我母亲做媒，让我母亲嫁给了一个在云南路一家理发店里剃头的师傅，也是扬州人。继父年龄 40 岁，妻子三年前病故，没有孩子。他见我母亲长得年轻漂亮，也就娶了我妈。我们姐弟四人跟着母亲进入继父家，总算有了个新家。母亲由小老婆变成了寡妇，再由寡妇变成了填房。

为了生存做二房

我的继父也是一个老实人，性格内向，不爱多说话。他的理发技术很高，理出的男式发型色调均匀，造型别致，尤其是吹风功夫深厚，他吹出的男式发型非常漂亮。有一批老顾客总要他理发吹风。由于继父是为老板打工，靠理发拆账收入要养活我们一家人并非易事，故我母亲也在家门口摆个茶摊和擦皮鞋摊，以此为家里增加收入，帮继父减轻负担。

时间过得很快，转眼我已 14 岁，这个年龄在当时穷人家庭算是“大人”了，必须外出寻找工作赚钱贴补家用。而我继父只有理发手艺，为了使我们姐弟四人将来能在社会上生存和有立足之地，他就在家里教我们学习理发技术：怎么样洗头、剪头发、吹风梳理发型，怎么样敲背、挖耳等。也许是遗传因素，我们姐弟四个在继父悉心指导下，都很快掌握了理发方面的各类技能。有了技能和手艺就可以自己养活自己了。我们姐弟四人就在家门口的弄堂口或马路边摆个理发摊，为左邻右舍和路人理发。就这样，每天也能赚到一点钱。

但是，仅靠在弄堂口摆剃头摊赚钱也不是长久之计，影响了左邻右舍的卫生状况，常会遭人谩骂和驱赶。为了避免同邻居闹矛盾，摆摊一年之后，继父就通过扬州同乡会的朋友把我们姐弟四人分别介绍到不同的理发店。我被介绍到云南路上的一家云记理发店

学艺。说是学艺，其实我已经不用拜师就能上手剃头理发了，因此老板很喜欢我。我为他赚钱，只是一天吃他两顿饭，这对老板来说真是捡了大便宜。但老板对我还是非常照顾的，每天给我碗里装比别人多的鱼和肉，还时常悄悄给我塞一些零花钱，别的学徒待遇比我差多了。

很快三年到了，我也学徒满师，成为男女发型都能修剪的多面手。老板生怕我另寻出路，就苦苦相求希望能留在云记理发店，并答应“三七”拆账，通常刚满师留在店里工作的人只能是“二八”拆账。我满师后的年龄刚好到 18 岁，那时的我长得皮肤白净，容貌漂亮。一些洋行工作的小伙子每逢理发吹风都喜欢要我为他们服务，有的小伙子理完发后还邀请我吃饭。我非常清楚，当时理发是低人一等的工作，大户人家的儿子就是想娶我，他们父母也不可能同意，因而我从未有嫁入豪门的奢望。

常言道：“男大当婚，女大当嫁。”姑娘到了适婚年龄再不出嫁就会被人视为嫁不出去。母亲和继父非常着急，希望我早日出嫁有个归宿，他们就放心了。有一天，我们店的一位师傅来我家说媒，希望我能嫁给老板做二房。老板的妻子不会生育，老板为了传宗接代，一直想娶一个小老婆，但总觉得没有合适的人选，现在他看中了我。我母亲和继父见有人上门说媒，而且要娶我的人是我的老板，又是同乡人就一口答应了。老板比我大整整20岁，但他是娃娃脸，看上去很年轻，也很讨人喜欢，再加上他一直对我很好，处处关心我，我也就答应了这门婚事。

我嫁给老板之后，店里的理发师们都开始改口叫我老板娘，我成了这个理发店的主人了。一年后我生下了第一个儿子，我的丈夫兴奋极了，还专门操办了满月酒。几年后，我又生了一个儿子、两个女儿。

10年后，我丈夫的大老婆病死，我成了正房。后来丈夫年龄大了，身体不好，云记理发店的日常经营就由我全面管理，一直到中华人民共和国成立后公私合营。

第六章

姨太太红杏出墙引风波

姨太太红杏出墙

丈夫带兵到客房抓奸

为抓奸夫大搜查

在富人家当小老婆、姨太太的物质生活是很优裕的，平时有用人侍候，每天衣来伸手、饭来张口，白天打打麻将牌，购物游玩，化妆打扮，晚上到舞厅跳跳舞，进出靠小轿车，可谓过着同神仙般一样舒适与快乐的日子。

然而，家家都有一本难念的经。那些佳丽嫁入豪门后表面上生活很幸福，住洋房别墅，穿时尚漂亮的服装，戴昂贵精致的金银饰品，吃美味佳肴，坐豪华轿车，乘豪华游轮，这种体面而又风光的贵妇人生活着实让外人见了羡慕不已。但是，她们精神上的空虚与独守空房的寂寞又有谁知道？有些阔佬喜新厌旧不再与她们同房，而在外面拈花惹草，寻花问柳，从而使成群的“家花”被冷落，被忽视。有些年轻貌美精力旺盛的小老婆、姨太太在得不到丈夫的爱护的情况下，为了排遣精神上的孤独与寂寞，也偷偷地在外包养“小白脸”而红杏出墙，从而引发不少风波与悲剧。

姨太太红杏出墙

这是发生在1929年夏天的一个故事。南京东路与西藏中路交

小夫人

叉口附近的一家高档理发店走进来一位身穿白色印花旗袍，手提白小方包，脚蹬白色高跟皮鞋的少妇。她一进门，接待小姐和理发师们都热情地打招呼。“张太太好！”旁人一看就知道，这位张太太是这家理发店的老顾客。

果不其然，这位张太太出手很大方，她朝理发店里的人招了招手后，立马打开白色小包，取出一叠钱递给一个女招待道：“拿着买几个大西瓜给大家吃。”张太太行事做人派头大，理发店里的人员都很喜欢她。

张太太曾是梨园界的一位名伶，专演花旦。她在戏台上扮相漂亮，故被当时的一位沪军军官看中，在威逼利诱下成为该军官的第

小夫人

八位姨太太。自从嫁给军官后，她就不再上台唱戏，成为名副其实的张太太，整天无所事事，吃喝玩乐。但是，她在物质上的富有与满足并不能替代精神的空虚，整日无事可干，生活显得寂寞乏味。为此，张太太将理发店当作与人交流交际的唯一场所，以此排遣孤单和寂寞。

张太太每次到理发店，总是请王大师在贵宾室里为她专门服务。这位王大师专理女式发型，修剪和梳理出的发型特别漂亮新颖，所以很受张太太的青睐。张太太喜欢王大师的另一个原因是他年轻英俊，很有男人的魅力。由于两人年龄相仿，又有共同爱好，再加上常常在理发店贵宾室单独相处，彼此日久生情。张太太的军官丈夫因公务时常外出，她得不到爱的满足；而王大师的家眷都在扬州农村，夫妻之间也是聚少离多。如此两个充满活力的异性就产生了感情，他俩私底下已经好上了，用现在的话来说两人成了“情人”。

张太太在与王大师的交往中，所有费用都由她承担。她还时常送一些“服务费”让王大师买营养品补身体，可谓关心备至。有一次，王大师在为张太太理完发后告诉她：“我要回扬州乡下探望家人，约一个月。”张太太听了不由流下了难过的眼泪，仿佛生离死别似的。她太喜欢他了，是他给予了她所需要的关爱，让她感受到了做女人的幸福与快乐，如此深入骨髓的爱意使她终生难忘。

张太太与王大师的秘密“约会”有时会选择在大饭店的客房里。那时的理发店专门有一项“出包”服务项目，就是根据顾客的需要，理发师可以到顾客家里或到顾客指定的地方为对方服务，只是需加上门费。而那个年代，一些有钱而不甘寂寞的姨太太与小白脸理发师干“私密活”都是在饭店的客房里。

姨太太红杏出墙，在那些妻妾成群的家庭里是常有之事。

丈夫带兵到客房抓奸

若要人不知，除非己莫为。张太太同理发师的暧昧关系不知怎么竟然传到了张太太军官丈夫的耳朵里。这对一个男人来说是奇耻大辱，是无法忍受和原谅的丑事。更何况是一个有地位和权势的男人之妾同一个下九流的剃头匠有染，这成何体统！

抓贼见赃，捉奸见双。张太太的丈夫虽然内心火冒三丈，但表面依旧不露声色，仍然当作无事发生，暗地里派人跟踪监视。这一切张太太并没有觉察到，以为自己所做的出轨之事丈夫全然不知。

有一天上午，张军官告诉太太要去南京开军事会议，大约一个月不能回家，让她管好这个家。说完，丈夫提着箱子走出了家门。张太太见状不由暗暗高兴，心想自己又可以同王大师幽会了。

中午，张太太迫不及待地打电话给正在理发店里上班的王大师，让其“出包”到四川北路上的新亚大酒店，她下午 2 点到那里等候。吃过午饭，张太太精心地打扮了一番，随后叫了一辆黄包车来到南京路上的永安公司门口停下。她在永安公司购买了一些物品后，看了看表，径直穿过南京路进入先施公司，在新亚大酒店旅馆部开了房间。不一会儿，王大师熟门熟路地进入旅馆，在508房间停下了脚步，轻轻地敲了敲门。很快门开了，张太太伸手一把将王大师拉进房内。

王大师刚进入房内，客房外的走廊尽头一个男子马上蹑手蹑脚地走到了508房间门口，贴在门上听了听，随后快速离开了。这一切，在房间内热烈亲昵着的张太太和王大师还全然不知，两人只顾尽情地享受欢快，哪知大祸即将降临。

大约半小时左右，一辆军用卡车停在了新亚大酒店门口。从车上跳下来10多个身穿黑色服装的彪悍男子，直奔旅馆508房间，将门踹开后，一拥而入，个个如同饿狼扑食。

而身穿内衣内裤的张太太被这些突然闯入的凶神恶煞吓得浑身发抖，一下瘫在地上。

“那野男人呢？”只见一个中年男人从后面走到张太太跟前大声问道，那人正是她的丈夫张军官。

“给我搜！”他满脸杀气地敲打着床头柜。

10多个人对大衣橱、床底、阳台搜了遍，就是不见王大师。张军官见没有抓到奸夫，一把将张太太从地上拖起来狠狠地打了两记耳光道：“你这个不要脸的贱人，那个奸夫臭剃头匠，你把他藏哪儿去了？”

张太太被丈夫打了两记耳光反而清醒了许多，忙大哭大叫说自己是被冤枉的，她根本没有同别的男人偷情，她在这里是想叫几个姐妹打牌赌博。当被丈夫问道为什么叫剃头匠独自来房内时，她反应很快地说是为了请他梳理一下发型，并没有干出轨的事。

张太太丈夫见没能捉奸在床，心里总不是个滋味。他决定一不做二不休，一定要把剃头匠王大师抓住关进监狱，上了刑不怕他不讲实话。

“走，到理发店去抓那奸夫王八蛋！”说完，张军官带着部下匆匆离开了客房。

为抓奸夫大搜查

话说张军官离开新亚大酒店后直扑理发店。他们一进门就四处寻找王大师，而且个个满脸凶相，吓得理发师及顾客都不敢说话，不敢走动。

那些家伙在楼上楼下、房内房外进行了一遍地毯式搜查后不见王大师人影。张军官要老板把奸夫王大师交出来。聪明的老板忙回答说，王大师偷了他的营业款逃跑了，自己也正在到处寻找他，并表示若抓到王大师一定押送他到军营处。就这样，理发店躲过了一次劫难。

然而，张军官对没有抓到王大师耿耿于怀，并发誓挖地三尺也要把王大师抓到手，并要把他碎尸万段。张军官从军营中抽调出更多的军人身穿便衣在闹市中的理发店进行了拉网式的搜查。他深信王大师不在这家理发店工作也会在别的理发店工作，否则他靠什么养活自己呢。张军官对全市主要街道上的理发店搜查了三天，结果还是没有抓到王大师。

而此刻的王大师如惊弓之鸟躲在了闸北区亲戚家不敢出门，生怕被抓到会没命。过了几天，王大师的那个亲戚担心引火烧身，惹来不必要的杀身之祸，在一个深夜把王大师送到苏州河上的扬州老乡的船上，让他离开上海避难去了。

王大师真是命大。那天，他同张太太在新亚大酒店客房刚刚拥抱亲热一番，张太太故意发嗲地说想吃奶油蛋糕，她所说的想吃"奶油蛋糕"并非是要吃真正的奶油蛋糕，而是隐喻另一层意思。一时不解其意的王大师为了表达对情人张太太的顺从和体贴，松开紧抱他的张太太，转身就走出了客房，去给她买蛋糕。张太太见缝插针，清理一下之后，坐等同王大师云雨相交。而王大师买回蛋糕刚走出电梯，便看到有一帮人在508房间门口大声叫骂着。他知道出事了，赶紧转身就逃。

王大师深知对方权势强大，杀他一个剃头匠就如同踩死一只蚂蚁，不费吹灰之力。王大师逃离新亚大酒店后，回到理发店匆忙取走了换洗的衣服逃到了闸北区的亲戚家，之后逃离上海回到扬州老家避风头。

半年后，张军官带兵撤离上海去了天津，据说他在天津与另外一支军队的长官发生冲突被人暗杀了。一度被丈夫打入“冷宫”的张太太又回到了上海，而王大师得知这一消息后也返回上海，想重回原先的理发店工作，但被老板拒绝了。王大师又到其他理发店求职，也都遭到谢绝。他与军官姨太太偷情的事在扬州同乡会中人人皆知，一直遵循和气生财的理发店老板哪敢要一个惹是生非之人？如收留他不就引火烧身了吗？

王大师见没有理发店老板敢收留他，只好回乡下种田了。

这就是 20 世纪 20 年代末上海理发业闹得满城风雨的军官姨太太与剃头师傅“轧姘头”的风波。

第七章

为了报恩嫁老翁成二房

她是一个聪明善良的美女
为父治病，放弃去政府部门工作
为了一个『情』字，老板愿意送钱
为了博得美女好感，老板再破费
答应老板做二房
婚礼上激动的泪水
她为丈夫生下双胞胎儿子

在旧社会，不少年轻漂亮的大姑娘嫁给商贾巨富为妾，有多种情况：有的是迫于生计；有的是为父母偿还债务；有的是为了贪图享受；也有的是为了报答恩情。

她是一个聪明善良的美女

她，名叫张晓芳，1913年出生在上海一户普通职员的家庭。父亲在一家洋行工作，管理洋行货物的入库与发货，母亲是一个家庭妇女。张晓芳是家里的独苗，她家虽然不富裕，但靠父亲的收入三口之家生活还算过得去。张晓芳天生就有能歌善舞的本领，她从小学到高中一直是班里的文艺骨干。学校举行文艺活动，张晓芳总是挑大梁，当台柱，每每演出结束都能博得师生的热烈掌声。女儿的聪明和能干父母自然是看在眼里，喜在心里。

从小就非常懂事的张晓芳没有辜负父母对她的期望，进入高中后门门功课优秀。各科老师都喜欢她，而且都一致认为她将来前途无量。不少男同学都暗暗地以张晓芳为将来的择偶标准，一些有钱

人家的男同学会主动买各种东西送给张晓芳，希望能讨得她的欢心。

男同学喜欢张晓芳并非只是因为她读书好，或是能歌善舞，更主要的是她长得太漂亮了：苗条的身材亭亭玉立；鹅蛋形的脸，美丽清秀；黑亮的双眼，炯炯有神；长长的秀发，如瀑布飞溅；高雅的气质，娴静怡然。18 岁的张晓芳风华正茂，如一支绽放的百合，纯洁而优雅。

为父治病，放弃去政府部门工作

1931 年，张晓芳高中快要毕业时，当时的南京国民政府计划在高中毕业生中招聘有一定能力和才艺的女生到政府部门担任女秘书。当招聘官员来到上海明光中学时，老师就向他们推荐了张晓芳，如果张晓芳能被录取到政府部门，这对家境并不富裕的她来说是一条好的出路，也能通过这份工作为父母减轻负担。

张晓芳报名参加了国民政府的女秘书招聘。结果很好，她在两方面表现突出：其一，文章写得条理清楚，层次分明，中心思想突出；其二，写得一手好字。再加之她的英文成绩也考得非常好，因此，她顺利进入了面试。

在面试时，考官们一见到张晓芳都震惊了，面前的考生真是漂亮：有容貌、有身段、有气质、有风度。在提问环节，张晓芳反应敏捷，回答准确。考官们当即表示她被录取了，还一致认为她去外交部更合适。

然而，正当张晓芳满怀喜悦之情准备到南京国民政府外交部做秘书工作之际，家里发生了意外：父亲病倒了。送医院检查，肾脏出了大问题——肾功能衰竭。父亲突然倒下，这对张晓芳一家来说如晴天霹雳，不但家庭收入没了来源，而且为父亲看病还要支付昂贵的医疗费，这让一个没有家底的小户人家如何承受得了。

为了给父亲看病和支撑这个风雨飘摇的家，为了同母亲一起陪伴和照顾父亲，张晓芳只好忍痛割爱，放弃了到南京的政府机构当秘书的机会。但是，打针吃药及做手术都需要花钱，没钱谁给你看病。每天花钱如流水，家里仅有的一些存款不几天就花光了。无奈之下张晓芳的母亲只好把压箱底的金银手镯、耳环、项链、戒指等值钱的东西统统拿到当铺，用当来的钱支付每天产生的花销，但病却没有好起来，这让张晓芳母女俩非常着急。一旦钱都用完了该怎么办？放弃救治于心不忍，没有了一家之主将来母女俩如何生存，治病救亲人只能是这家人唯一的选择。

钱渐渐用光了，张晓芳父亲的病也开始有所好转，这让母女俩看到了希望。但是，后续的治疗还需要花一大笔钱，家里已没有值钱的东西可以再卖了，亲朋好友能借的也都借遍了。无奈之下母亲只好带张晓芳到丈夫工作的洋行向老板借钱，这已是最后一线希望。

为了一个“情”字，老板愿意送钱

张晓芳和母亲怀着忐忑不安的心情，在一位洋行工作人员的引导下走进了洋行老板金碧辉煌的办公室。洋行老板见员工的妻女到来，马上起身迎上去与母女俩热情地打招呼，并亲自为她们倒茶，就像对待自己的亲朋好友一样。

洋行老板名叫徐有才，年龄在50岁左右，胖胖的身材，圆圆的脸形，白白的皮肤，高高的鼻子上架着副白框眼镜，看上去既和善又精明。徐有才对张晓芳的父亲患病表示了同情，在交谈中，当他得知张晓芳被破格录取到外交部当秘书时，脸上露出了惊讶的表情。洋行老板徐有才内心有了变化，对这对母女产生了怜悯之感，便问张晓芳："你父亲生大病需要人照顾，你去南京工作靠你母亲一个人怎么行呢？"

"唉，我也只能放弃了，治我爸爸的病要紧。"张晓芳不无惋惜地回答。

徐有才一边赞扬张晓芳，一边道："你放弃南京政府部门工作，家里没人工作，怎么生活？你就到我洋行工作，也做秘书，薪酬优厚！"

张晓芳与母亲听徐有才这么一说，深感遇上了救命恩人，立即从沙发上站起来向他磕头致谢。

徐老板见状赶紧将两人搀扶起来，嘴里不停地说道："别这样，别这样，你们有难我理应伸出援助之手。"说完徐有才从口袋里取出一叠钱塞在张晓芳手里说："这钱是我个人的一点心意，拿去给你父亲治病和买营养品之用。"徐有才这一叠钱起码是张晓芳父亲几年的薪酬。

张晓芳见徐有才这么慷慨大方，再次下跪磕头。徐有才赶忙用双手去扶张晓芳，那神情，那模样，真正显露出他怜香惜玉的情感。徐有才扶起张晓芳后用爱慕的眼光看着她。他已经从内心喜欢上了这个姑娘。

张晓芳母女俩回家后把老板徐有才送的一叠钱数了下，足足有两百元。然而，张晓芳的父亲得的毕竟是大病，很快两百元又花完了，而且她们家租住的房子到期，房东多次催讨房租费。家无分文的母女俩已到了山穷水尽的境地，她们只得再次寻求徐有才帮助。

为了博得美女好感，老板再破费

徐有才得知张晓芳母女到了如此走投无路的地步后，心里也着急。他深知一旦这对母女付不起租金被房东赶出门，眼前这个如花似朵的姑娘可能会被人糟蹋。聪明的徐有才直接向这对母女问道："你们母女俩还需要我帮什么忙就直说了，我们算是一家人了，好吗？"他说话的语气和表情都非常地真诚和亲切。

"我们想再向您借……借……钱。"张晓芳的母亲吞吞吐吐地说，因为心里有些胆怯，说话声有些颤抖。对她们来说再次借钱实在是很难为情。

徐有才见状道："这样吧，你们还需要多少钱，我来帮你们付吧。”随后他从抽屉里取出了一张写有“伍佰大洋”的支票给了张晓芳的母亲，“先拿去用，如还不够再来找我。”

张晓芳母亲接过支票时手都发抖了，对她们来说这是个巨大的天文数字，这一辈子都赚不到这些钱，这是可以买套大房的钱啊！而且徐有才竟然不用她们写借条。不过张晓芳母女坚持一定要写借条，而老板徐有才却坚持不要她们写。他知道这母女俩一辈子也还不了，写了也没有意义，更何况他喜欢上了张晓芳，作为对她的一种“投资”，最终是求得“回报”。既然要获得回报，就要先付出才能讨得别人好感，才会使人心甘情愿地感恩和报恩，这就是徐有才做事与为人的高明之处。

徐有才的大气、热情和善良之举，深深打动了这对本分、老实的母女，她们把徐有才当作了大恩人、大救星，更有一种终生报答不尽的感激之情。母女俩临别前再次跪地向徐有才磕头致谢。试想有哪个老板能慷慨到借给别人五百大洋连一张借条都不收，这样的好老板到哪儿去找？徐有才的这种“壮举”，能不使张晓芳母女俩感激涕零？

然而，三个月之后，张晓芳病入膏肓的父亲最终还是离开了人世，张晓芳与母亲的一切努力换来的却是人财两空。

答应老板成二房

但是，人死不能复生，活着的人还必须要生活下去，那就要赚钱养活自己。张晓芳母女在上海滩已无亲无友，可以说是举目无亲，她们唯有再硬着头皮寻求洋行老板徐有才帮助。而徐有才就把张晓芳安排在自己的办公室当秘书，帮忙整理和抄写一些资料和档案，工作很轻松。有时徐有才外出办事或出席宴会也带着张晓芳，为了使张晓芳光彩照人，徐有才还为她购买了时髦的服装和饰品。每次徐有才同穿着漂亮时装的张晓芳出席各类宴会都会引来人们关注和羡慕的眼光，这让徐有才脸上有光彩。但他从来不对张晓芳有过分举动，只是无微不至地关心照顾她。

经过半年多与张晓芳的朝夕相处，徐有才越发觉得张晓芳不仅人漂亮，而且聪明、善良，是一个不可多得的好姑娘。他深深地爱上了她。为了避免节外生枝，徐有才打算娶张晓芳为妾，为其生儿子。

徐有才妻子只生了两个女儿，眼下都已出嫁。徐有才不能无后，让家产落到外人之手。为此，他早有再娶二房的想法，只是没有中意的女人。眼下他看中了张晓芳，希望自己的“投入”能有一个回报。徐有才决定让洋行总管家、账房先生蒋老头出面到张晓芳家里提亲。总管家蒋老头是一个非常精明和有办事能力的“老法师”，能说会道，又能见机行事，用现在的话来说他是一个“老江湖”。

一个礼拜天上午，总管家蒋老头受老板徐有才之托，并以关心张晓芳母女的生活为由，提着不少礼物登门拜访。蒋老头在同张晓芳母女拉了一番家常后就直奔主题道：“晓芳已是个大姑娘了，也应该谈婚论嫁了，如果能嫁一个有钱有势的男人那就可以过上好日子享福了。”

“是啊，我也希望女儿能嫁个有钱的好男人，这样她这一辈子就不会受苦了。”母亲回答说。随后，她看了看女儿又对蒋老头道：“您老门路广，认识的人多，就为我女儿做媒人吧。”

蒋老头马上接过话道：“既然您看得起我，我就为您闺女张晓芳做一次媒。”随后，他看了看张晓芳道：“我做媒人，你愿意吗？”

张晓芳脸一下红了起来，但还是点了点头，表示自己愿意。

蒋老头见状就高兴地说道：“你俩真有福气啊，老板徐有才想娶二房，我觉得晓芳合适，我想办法把这个媒做成。”

“嫁老板？这……”张晓芳听了不由吓一跳，接着又道，“他比我大 33 岁，这……”

“晓芳，你真不聪明。老板有钱有势，人又好。你嫁给他生个儿子这家产全属于你的了，老板没有儿子，大房年龄也大了，还能活多久？再说了，你若嫁个穷人或骗子，他没钱用把你卖到妓院也难说。”蒋老头话说得狠，但语气很温和，让母女俩感到这是为了她们着想。

“这……这……”张晓芳脸通红，不知说什么好。

蒋老头见状，又说道：“你想想，老板对你如何？你父亲生病用掉的钱不都是老板送你的，他让你还了吗？这样好的男人你不嫁，这世上还有谁比老板更关心和照顾你？再说了如果没有老板你们家就……"

张晓芳听了这话低下了头一声不吭，而她母亲却在一边急了起来："蒋先生，太谢谢您了。老板是我们的大恩人，晓芳能嫁入徐家那是她的福分。这门亲事我定了。"

"唉，您说了不算，还要看晓芳她愿意不愿意呢？"蒋老头看着张晓芳，见她还在犹豫又道："这门亲事只是我擅作主张，老板他还不知道，所以我就只好……"蒋老头故意把话讲一半，让她们感到老板徐有才并没有主动说起要娶张晓芳。

而此时张晓芳的母亲更急了，流泪道："女儿啊，你快答应蒋先生，老板对我们这么有恩，你还……"她母亲大哭起来，而且边哭边说道："女儿你嫁给徐老板就一辈子不会受苦了啊！"

张晓芳见状，只好对蒋老头道："我答应，我愿意！"

就这样，红娘高手老管家蒋老头把这门亲事做成了。

婚礼上激动的泪水

洋行老板徐有才对张晓芳从一见钟情到亲事确定，对他来说又是人生第二春的开始。然而，对张晓芳来说却是当二房。不过，徐有才雄厚的经济实力和神通广大的人脉关系，使她嫁给他不用共同创业打拼就能享受荣华富贵的生活。这是一桩"两全其美"的姻缘。

徐有才为了表示对张晓芳的尊重和喜欢，花钱在法租界为张晓

非常時期可免送禮
花籃輓幛敬辭糜費
淡泊薄肴聊表微意
歡迎賞光時刻勿延

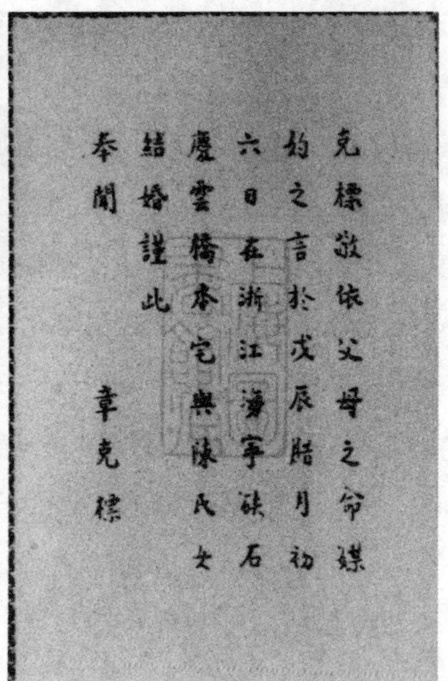
克標敬依父母之命媒
妁之言於戊辰臘月初
六日在浙江海寧硤石
慶雲橋本宅與陳氏女
結婚謹此
奉聞
章克標

芳母女购置了一套优雅舒适的漂亮小洋房供她们居住；同时为了表明对张晓芳的真爱，还特地把两人结婚典礼定在张晓芳 19 岁生日那一天，使这场婚礼变得更加有纪念意义。总之，徐有才所做的一切都是为了让这个漂亮的小老婆感到满意。张晓芳很感动，她曾对母亲说一定要好好侍候和照顾好徐有才。

1932 年 5 月 8 日，张晓芳 19 岁生日，也是她和徐有才举行婚礼之日。这一天，徐有才出高薪聘请了洋人美容师，还为她订制了婚纱，光长拖摆就有 8 米长，而且新娘所需佩戴的那些昂贵的耳环、

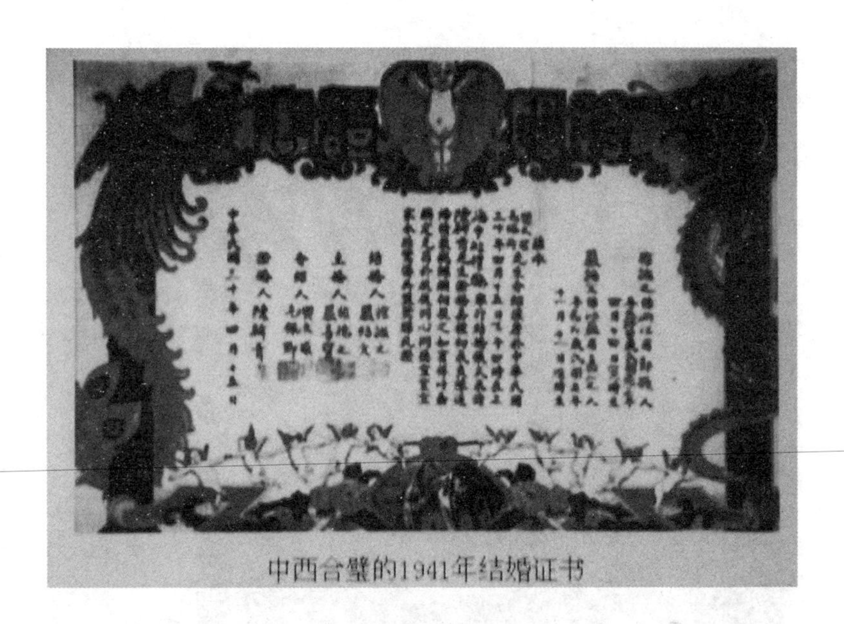

中西合璧的1941年结婚证书

项链、手镯等饰品也一应俱全，应有尽有，把张晓芳修饰得如仙女般漂亮。

婚礼上，张晓芳身穿漂亮的洁白长拖尾婚纱，头戴嵌满珍珠的白色凤冠，双耳戴着金光闪闪的叶片长耳环，颈部戴多环形的珍珠项链。人们不由双眼一亮：她浑身珠光璀璨，典雅高贵，艳丽多彩；她袅娜亭亭，楚楚动人，旖旎妩媚；她绝妙娇美，高雅大气，摩登洋气……

新娘张晓芳仿佛从天上彩云间飘然而下的仙女，美艳无比。有人情不自禁地夸新娘有沉鱼落雁之貌，闭月羞花之容。

甚至，有出席者这样说道：“就是古代四大美女也不一定有新娘漂亮，她有倾国倾城之貌啊！”

婚礼现场充满了对新娘张晓芳的一片赞美之言，使年过半百的新郎徐有才高兴得嘴都合不拢。人到中年还能娶到这么年轻貌美的女人做老婆，他感到很幸福。

婚礼宴席办在了英租界上的大华饭店，这是上海最高档的大饭店之一。当年蒋介石和宋美龄结婚就是在这家饭店办的酒席。徐有才在大华饭店大摆婚宴酒席50桌，在每桌酒席上都放了一盒高档的奶油蛋糕，意在让亲朋好友在道喜的同时为新娘张晓芳过一次有意义的生日。

当婚礼进行到高潮时，司仪让所有来宾一齐为新娘张晓芳唱起了生日歌曲，使婚礼场内喜气的氛围更加浓烈。歌声、拍手声、碰杯声交织成了一首“喜庆交响曲”。

所有在场人都在新娘张晓芳面前夸新郎徐有才对她是发自内心的好。经过这场特别的婚礼，张晓芳对徐有才动了真情，她深深地爱上了比她父亲还要大三岁的丈夫。

她为丈夫生下双胞胎儿子

婚后，张晓芳依旧跟着丈夫上下班，或外出应酬，聪明的她很快适应了新角色。她帮丈夫打理洋行的日常事务，安排工作计划，盘点洋行的经营业务账目。不到半年她就成了丈夫的得力助手，把洋行的一切家底摸了个透，方方面面的事情已了如指掌。

在家庭生活中，张晓芳对徐有才身体不佳的大老婆也非常关心和照顾，上下班进进出出“大姐大姐”叫个不停，在一起吃饭时还主动夹菜给大老婆。这一切使曾对张晓芳有敌意和醋意的大老婆改变了看法，渐渐地开始接受她，直至后来喜欢上了她。

张晓芳外出回家先要到大房住处“报到”，随后陪她聊天，讲些社会上发生的奇事怪闻给她听，使大房不再有寂寞感。如果张晓芳和徐有才出差回来，她总要给大房捎些东西，因而大房常常会说张晓芳懂事，比她自己亲生的两个女儿好许多。

徐有才看在眼里喜在心里。他深感自从张晓芳嫁入徐家后，这个家就有了生气，有了热闹气氛，一扫过去的沉闷和死气。他看到这个家再一次迎来美好春天气象的前景，再次迎来人丁兴旺的大好时光，而张晓芳就是这个家庭中的迎春花。

张晓芳婚后半年怀孕了，这对徐有才来说是件天大的好事，他梦想着能有一个儿子，使徐家有后，让他的家产有人继承。为了让张晓芳好好保胎，他什么活都不让她干，洋行那边也不让她去上班，整天让她在家里吃睡，还专门请一个厨师到家里为张晓芳烧各种营养菜。

自从漂亮小老婆有了身孕后，徐有才就很少在外面应酬，只要下班时间一到，洋行里没有重要事情他不会多留一分钟，他的心中只有张晓芳和她肚子中的孩子。为了确保张晓芳和肚中的孩子平平安安，同时期盼张晓芳能生一个儿子，徐有才每天早上到大厢房的菩萨前烧香磕头求拜。

一个月、两个月……，随着时间流逝，张晓芳十月怀胎到了临产期。为了安全起见，徐有才提前把张晓芳送进医院。就在张晓芳被送入医院的当天晚上，她非常顺利地生下了一对健健康康的儿子。徐有才老来得双子兴奋极了，第二天让家里用人买了许多鸡蛋，给洋行的职工每人两个，以示为其得子而共贺。两个孩子满月时，徐有才又大摆宴席。为了感谢张晓芳给徐家传宗接代立大功，徐有才还买了一辆美国产紫竹牌女式小轿车送她。

光阴荏苒，岁月如梭。转眼徐有才已年过古稀，大老婆早已在10年前亡故，洋行的经营管理都由张晓芳主理。两个儿子长得高大英俊，而且聪明读书好。张晓芳和徐有才非常满意，希望两个儿子赶快接父亲的生意。

又是多年过去了，徐有才到了耄耋之年，他和张晓芳的两个儿子也已大学毕业。两人都在父亲的洋行里工作，老大任董事长，老二任总经理。张晓芳已经不再打理洋行事务，主要照顾徐有才的生活起居，一同安享晚年的幸福生活。

1949年夏，张晓芳和两个儿子去了香港。

第八章

大小姐为真爱甘心做二房

大小姐幸福的学生时代
大小姐爱上了同班男同学
她怎么也忘不了他
被父亲赶出门
亲人在她苦难中伸出了援手

20世纪二三十年代，在上海这样一个充满西洋文化的大都市里，青年男女崇尚恋爱和婚姻自由，他们的恋爱和婚姻都在沿着“我的婚姻我做主”的文明的方向发展。但是，在传统封建思想观念较严重的家庭中，子女的婚姻大事还必须遵循“父母之命，媒妁之言”这一清规戒律来行事。违者就会被视为大逆不道。尤其是女性如果在婚姻方面不听从父母安排和媒人介绍，而是自行寻找被父母认为门不当户不对的家庭的子弟，经劝说还执意坚持自己的选择，就会遭到家庭毫不留情的抛弃——断绝父女关系，从此形同陌路。

大小姐幸福的学生时代

她，名叫丁小芳，1908年出生在上海一个开钱庄的大户家庭。丁小芳在兄妹中排行第八，是最小的一个。她上面有七个哥哥，父母一直想生一个女儿，才有了丁小芳。丁小芳聪明漂亮，又是家里唯一的女儿，因而得到父母的宠爱，也得到哥哥们的关爱。父母走亲访友总是把丁小芳带在身边。为了能让女儿多才多艺，从她懂事起，父母就为她请来了钢琴老师、图画老师和外文老师等，希望她懂得琴棋书画，吟诗作词，长大后成为知书达礼的才女。对于有文化底蕴的大户人家来说，他们把培养孩子的文化修养看作人生成长中的大事，因而在小孩教育投资方面不惜一掷千金。常言道：“十年树木，百年树人。”唯有孩子们个个成为有出息和干大事之人，才能继承家业，才能光宗耀祖。而女孩子成为知书达礼之人将来嫁到别人家里为人妻、人媳、人母时，才能真正成为贤妻良母。人们常说女儿要富养，富养出来的大小姐高贵、大气、典雅，有品位、有气质、有风度。为了使丁小芳成为真正的才女，她父母时常带她看电影，看京戏，看话剧，学跳舞，游泳，骑马，也就是让丁小芳在不同年龄段学不同的东西。他们循序渐进，一步一个脚印，要踏踏实实地把她培养好。丁小芳从小学到高中都是在女子教会学校读书，生活得非常幸福快乐。因她长得漂亮，读书聪明，成绩优秀而备受同学和老师喜欢。

高中毕业后，丁小芳喜欢上了医学，并且以优异成绩考入了上海同济大学医科班，她立志要成为一名女医生。女子读医学专业在当时很少见，但洋人在上海开的一些教会医院里还是有不少女医生和女护士，女性从医在上海也算是一个“前卫职业”。丁小芳读医科大学为的是将来多为穷人看病治病，这就是她最单纯的想法。

丁小芳的父母对女儿学医非常支持，也为她能考入医科班感到高兴和骄傲。在他们看来，女孩子学医将来能做大夫，很有前途，父母年老多病时，女儿还能时刻相伴左右，帮助打针开药。

大小姐爱上了同班男同学

在丁小芳所读的医科班里，她是唯一的女生，就是在整个医学系，也就丁小芳一个女生。

丁小芳在三个方面最吸引男同学眼球：一是她长得漂亮，身材窈窕，穿着高雅，举止大方；二是她读书认真，成绩优秀，知识面广，思想开放；三是她为人低调，做事大气，出手阔绰，热心帮人。试想一下，一个长得漂亮、学习又好、为人低调的女同学怎么不吸引人眼球呢？

那是在丁小芳读大三时的秋季，不知什么缘故她突然高烧不退，被父母送到了医院，经查得了急性胃炎，需要住院治疗。丁小芳缺课让同学们都有一种失落感，课堂上不少同学注意力分散。他们习惯了在上课时有她在就有一种精神上的安慰感，缺了她就会感到一种不安。

丁小芳缺课一天，……

丁小芳缺课二天，……

丁小芳缺课快一个星期了……

同学和老师见丁小芳突然毫无音讯地缺课一个礼拜了，都很纳闷，她到底怎么了？她家发生了什么事情？同学们从暗暗猜想到公开议论。几乎所有同学都在挂念她，想知道丁小芳的缺课原因。其中有一个同丁小芳关系特别好的同学，名叫林俊强，见丁小芳一个

多礼拜未上课心里很焦急，一心想去丁小芳家了解情况。为此，他向学校请假谎称母亲生病需照看。林俊强一路心急火燎地赶到了丁小芳家，结果扑了个空。她家只有几个用人在忙碌，林俊强只好向用人打听丁小芳的情况，而用人警惕性很高，在不了解对方身份之前是不会透露主人家的事的，这是一种规矩，更不会在主人不在的情况下让陌生人随随便便进客厅。

林俊强有些不死心，只好在丁小芳家花园的小铁门外等候。等到晚上6点半左右，天已全黑了下来，林俊强才看到一辆黑色的雪佛兰轿车开到了大门口。看门的用人走上去对车内坐着的人说道："老爷、太太，门口这个小伙子要打听小姐情况。"他边说边指了指林俊强："他说是小姐的同学，已在门口等了足足有一个下午了。"

车内是丁小芳的父母，夫妇俩一听是女儿的同学，又等了一个下午后，非常感动地问道："你是小芳的同学，叫什么名字啊？"

"伯父伯母，我叫林俊强，和丁小芳是同桌。"林俊强很有礼貌地回答。

丁小芳的母亲一听他叫林俊强，马上下车道："你就是林俊强啊，小芳常提起你，说你很照顾她，关心她。"随后把林俊强请到了家里，让用人倒茶，又将女儿患病住院的事情告诉了他，还有小芳所住仁济医院的房号与床号。林俊强得知后急匆匆赶往英租界的仁济医院，在途中还不忘购买礼物。当林俊强走进病房看到丁小芳正坐在床上看书时，不由激动地叫道："小芳，小芳……"

正在聚精会神看书的小芳忽然听到一个熟悉的声音，不由抬起头:“林俊强……你怎么知道我在这个医院?”她吃惊地看着他问道。

“我从你父母那儿得知你患病住院了，所以赶过来看你……”林俊强回答道。

“谢谢你能来看我。”丁小芳满脸微笑地看着林俊强问道，“同学们都好吗?”

“你一个星期没去上学，同学们个个都牵挂你。”林俊强边说边给丁小芳杯子里倒水。

林俊强倒好水端给丁小芳，随后见房门外没人就轻轻吻了丁小芳。丁小芳腼腆而又含情脉脉地一笑，这一笑流露出了她对他的一往情深。其实，丁小芳和林俊强早在读大二时就开始相爱了。两人相恋还有一个动人的故事。

事情要从一年半前的一堂解剖课谈起。也许解剖课对于学医的学生来说，是他们一生中最难忘的课程。毕竟是他们第一次面对一个全裸的尸体。

一具女尸静静地躺在冰凉的解剖台上，尸体上盖着一块白布。开课后掀开白布，惨白的身体突兀地显了出来。解剖老师手拿锋利的解剖刀在女尸上划动，发出轻微的嗞嗞声。由于尸体体腔内的压力，划开的皮肤和紫红色的肌肉自动地向两边翻开。用固定器拉开皮肤和肌肉后，人的内脏完整地展现在大家面前，特别是解剖老师将人体器官一件件取出讲解时，不少同学感到了反胃恶心，有的出现了呕吐和头晕症状。丁小芳见了这个场面恶心极了，浑身吓得直冒冷汗，在同学们都离开解剖教室后她却脚一软倒下了。林俊强在门外见丁小芳还未出来就走了进去，见她瘫坐在凳子上，赶忙扶她去了医院并一直守候在她身边。林俊强的这一“英雄救美”的“壮举”深深打动了丁小芳，这也是她第一次感受到了异性的关心和呵护，让她对眼前这位长得英俊潇洒的男同学产生了好感。

从此，丁小芳和林俊强成了恋人。

她怎么也忘不了他

转眼丁小芳大学毕业，而此刻她已25岁。对很多女孩来说，这个年龄段早已谈婚论嫁了，因而丁小芳的父母就四处托人为女儿介绍对象。不少大户人家的儿子都看上漂亮的丁小芳，但丁小芳却不点头，找各种各样的借口来敷衍她父母。

一天，丁小芳父母又为她介绍了一个从法国留学回来的博士生，人长得很帅气，家庭条件很富裕，对方也非常喜欢丁小芳，但是丁小芳同对方见完面就拒绝了。这下引发了她父母亲的不满，因为再比这个博士生方方面面条件好的对象全上海也找不到了，这样的姻缘都不愿意，那要找什么样的男人呢？她父母发火了。最后，在母亲一再追问下，丁小芳讲出了实情。

原来丁小芳深深爱上了同班同学林俊强，她一心爱他，愿与他相伴到老。但令她伤心的是林俊强父母很早就给他订下了娃娃亲，女方父亲是五金大亨，林俊强的父亲开棉纺厂时多亏对方帮忙“借款”，而且还是远房亲戚。不过，林俊强曾坚决反对，死活不同意这门双方父母做主的亲事。后来母亲手拿尖刀当着他的面逼婚，如他不同意娶亲就死在他面前。这下把林俊强给吓住了，当即跪在地上表示同意这门亲事。

就这样，林俊强大学一毕业就结婚了，但林俊强的父母也表示两年以后他可以娶二房。

当丁小芳得知这一切后精神遭到了巨大的打击，曾一病不起。病愈后，她试着想把林俊强从脑海中抹去，但却是抽刀断水水更流，闭上双眼浮现在面前的全是林俊强的影子。而林俊强也忘不了她。因而，彼此仍时常偷偷约会。林俊强告诉丁小芳，可以娶她做二房。她也答应等他两年，并一再希望他遵守自己的诺言。

就这样丁小芳死心塌地要等待林俊强娶她为二房，因而父母介绍的对象没有一个让她动心的。但是，丁小芳的父母得知女儿要当别人家的二房，气得火冒三丈，堂堂大户人家的大小姐给人家当二房成何体统！父亲只扔给丁小芳一句话：“你若当别人家二房，我就没有你这个女儿！”

丁小芳没有改变自己的决定，只是从此不再多说话，每天上班下班，两点一线。而她父亲也不再管她的婚姻之事，唯有母亲仍在不断地劝她改变主意，嫁个好人家。就这样，一个热闹的家庭变得清静了。丁小芳的哥哥们也都劝妹妹要慎重考虑自己的婚姻大事，但都被她以“我的婚姻我做主”给回绝了。

被父亲赶出门

很快两年过去了，丁小芳已成了大龄姑娘，曾追求她的男性都已早早娶亲，然后，成了丈夫，成了父亲，个个生活幸福。不过，林俊强结婚后却没有生下一儿半女。

一个礼拜天的晚上，丁小芳同全家人一起吃好晚饭后，宣布了一个决定：她要嫁给林俊强，甘愿做他的二房，并定在两个月后的妇女节举行婚礼。她恳请父母及哥哥嫂嫂们能理解和支持她的婚姻选择，并为她祝福。

丁小芳的这一项决定，仿佛一石激起千层浪，平静祥和的家一下炸开了锅。她父亲气得脸色涨红，狠狠地拍了几下桌子后大声道："我们是上海滩上有地位的家庭，一个大户人家的闺女嫁给一个有妇之夫当小老婆还有什么脸面？我坚决不会同意这门亲事！"

几个哥哥劝丁小芳考虑清楚。丁小芳说："爸妈、哥哥嫂嫂们，我知道你们是为了我好，希望我幸福。可是，你们想过没有，人的感情是无法改变的。我爱林俊强，他也爱我，我们是真正的相爱。我希望你们都能成全我，尊重和支持我的选择。"

一切的好言相劝对丁小芳来说无济于事。她是吃了秤砣铁了心，非嫁给林俊强当二房不可了，并做好了被父母赶出家庭的最坏打算。

"如果你一定要嫁给那个姓林的小子当二房，从今天起我们断绝父女关系，从此我们就没有你这个女儿！"丁小芳父亲对她下了最后通牒。

丁小芳听完父亲这话，双眼流出了泪水，跪下向父母磕了三个头：“爸妈、哥嫂，我对不起你们了。”随后转身离开了家。

丁小芳父亲望着女儿离去的背景，老泪纵横，一下子瘫坐在沙发上，母亲也是心如刀绞。毕竟是自己养育的亲生闺女，掌上明珠啊！然而，父亲为了这个家的名声和祖宗的荣誉不得不这么做——同女儿断绝父女关系。

不久，丁小芳的父亲在报纸上刊登了一条启事，声明同女儿断绝关系。而丁小芳就在父亲登报声明的一个星期后同林俊强举行了婚礼。

亲人在她困难时伸出了援手

然而，让丁小芳意想不到的是，因为她没有嫁妆进入婆家，平日被林俊强的父母及兄嫂看不起，每当一家人吃饭时都把她冷落一边。男方家人并不喜欢她，而且很轻视她，常常让她干重活，这让丁小芳很痛苦。不久，丁小芳怀孕了，男方父母没有重点照顾她。有时她从医院下班回家晚，连一口热饭都吃不上。虽然林俊强对她关爱有加，但毕竟不能每时每刻地相伴她。丁小芳有苦说不出，人变得越来越瘦。

自从丁小芳嫁到林俊强家后，她的父母哥嫂都在牵挂她。毕竟她是家里唯一的姑娘，又排行最小，家人都非常疼她爱她，尤其是母亲少了一块心头肉天天茶饭不香，但又不敢提起女儿，生怕老头子骂。但其父亲内心也时刻牵挂和想念着女儿，只是出于面子和男人的尊严而不提女儿名字。一天，丁小芳的大哥实在想念妹妹了，就到她上班的医院看望她。当看到从前漂亮的妹妹变得又瘦又黄时，他不由一阵心酸，得知妹妹已怀孕更是心疼不已。他感觉妹妹在婆家生活很苦。为此，大哥回家后把弟弟们全叫在一起，悄悄把妹妹的困境告诉了他们，并让各自的老婆轮流送菜到医院，并再三关照要照顾好小妹妹。

然而，纸包不住火。丁小芳的母亲发现几个媳妇每天轮流带菜外出，就逼媳妇们说出原因。当母亲得知心肝宝贝女儿在受苦时不由伤心流泪，毕竟是自己生的女儿啊。她从小到大没有受过半点委屈，更没有受过苦，如今在外受苦受累，怎不叫为娘的心如刀绞。丁小芳的母亲当即要二媳妇陪她去看望女儿。

母亲看到半年不见的女儿身体瘦弱，一脸憔悴，皮肤发黄，那模样让她心疼和心酸极了，不由失声哭道："小芳，我的囡囡，你怎么变成了这样啊……"

丁小芳忙起身抱住母亲："妈，我没事，我这不是很好吗？我没事。"她没有流泪，仍若无其事地说。她还能说什么呢，这又能怨谁呢？她怕母亲伤心，没有说过一个"苦"字，一切就像什么事都没有发生过，仿佛在婆家的日子过得还不错。

但丁小芳的母亲是过来之人，一看女儿模样出现了变化，而且是大变样，她能不清楚女儿的生活状况吗？临别，母亲给了女儿一叠钱道：“好好补补身体，别太累了，怀孕期间要多休息哦。”母亲实在心疼女儿，但又不能让她回家。

晚上，丁小芳的父亲下班回家，见老伴一个人躲在房里流泪，不知发生了什么事，就关心地问道：“家里出啥事了？”

老伴摇了摇头不说话，但眼泪流得更快了，而且还哽咽出声，那样子显得很伤心。她不想说出女儿受苦的事，生怕老头子会发火骂女儿受罪活该。

“到底啥事让你这么伤心，别吞吞吐吐不说，是不是你女儿小芳出什么事了？”老头早有预感。在这个家里没有什么不称心的事，唯独就那个小女儿的事一直让她放心不下：“说吧，小芳怎么了？”

小芳母亲便把小女儿的状况一五一十告诉了丈夫。丈夫听完，连连摇头叹息，心里也一阵难过，她也是自己的亲骨肉啊！

丁小芳母亲见老头子不但没有发火骂女儿，而且显露出心疼难过的神情，忙说道：“咱还是把女儿接回家来住，这样可以好好照顾她呀！”

“唉，这怎么行呢？我们已登报声明断绝关系，她再回家，不让外人见笑？”丁小芳父亲边说边踱方步，沉默了片刻后道：“这样吧，我们帮小芳买套洋房，算是弥补她出嫁时我们什么也没给，到时再给她雇个保姆，照顾她生活，钱全由我们出。”

就这样，在父母及哥嫂们的关爱下，丁小芳离开婆家的老屋，同林俊强住进了坐落在法租界的一幢洋房，并生下了一个孩子，过上了幸福的生活。

第九章 小妾的悲惨命运

小妾成了乞丐

嫁入富家却换来终生残疾

患病二房被赶出家门绝望跳江

在旧社会，那些阔佬们家里妻妾成群。他们把娶妻纳妾当成购衣换衣，玩厌了就把不喜欢的小妾休掉赶出家门，使不少无依无靠并受尽虐待的小妾流落街头，过着悲凉和凄惨的生活。

小妾成了乞丐

她，名叫宋小萍，1916年生于上海南市，自幼父母双亡，与年迈的外婆相依为命。13岁那年夏天，疼她、宠她的老外婆在外出摆地摊的路上不慎摔了一跤去世了。从此宋小萍便孤苦伶仃地一个人生活，靠外婆的那些仅有的地摊货换钱苦度日子。后来，一个远房刘姓表舅得知她的生活状况后把她收养下来了。宋小萍的生活终于有了着落。

宋小萍在表舅家虽过着温饱的生活，但她深知寄人篱下，不得不处处小心，而且要学会做事勤快，主动，唯有这样才能得到表舅一家的喜欢。故而宋小萍每天总是第一个起床烧饭，晚上她是最后一个上床睡觉，要把家里的一切收拾干净，门窗关好，再入睡。转眼三年过去了，宋小萍长成一个姿容俏丽的大姑娘。每当她在路上行走时，总会有人被她的美丽所吸引。那时16岁的姑娘已到了出嫁的年龄，不少媒婆主动上门要为宋小萍做媒，但都被宋小萍的表舅父拒绝了，他一心想把宋小萍嫁给自己的跛脚儿子。这是他当初收养宋小萍的真正意图。

然而，当表舅父把他的真正意图向宋小萍全盘托出时却遭到了她的反对。因为宋小萍的那个跛脚表哥不但脚残，而且人长得又矮又胖，智商又低，这样的男人做丈夫怎么会幸福？所以宋小萍坚决拒绝。这下可把她表舅父给激怒了，他狠狠地揍了宋小萍一顿，并骂她是白眼狼，没有心肺。即使在表舅父一家人的威吓下，宋小萍依旧不屈服，决不嫁给表哥为妻，几次逃跑都被抓回，关在房内。但每天24小时的看管总会有疏忽的时候，为防夜长梦多，也为了能在宋小萍身上得到一笔“抚养费”，表舅父和表舅妈就想出了一个缺德的主意：托媒人把“女儿”嫁出去，而所谓的“嫁”就是卖给需要女人的“夫家”，以此赚取大钱。而有了钱，宋小萍的表舅父也同样可以买一个姑娘给残疾儿子当媳妇，也能为刘家传宗接代。

经过一番搜寻，媒婆们来到宋小萍表舅父的家里“汇报情况”。媒婆甲：有一理发店老板54岁要娶妾生儿子；媒婆乙：有一个裁缝店老板60岁要娶妾照顾其生活……

宋小萍的表舅父见有那么多人愿娶宋小萍做小老婆，心里非常高兴，他要待价而沽，学拍卖行搞竞拍，即哪家出钱多就把宋小萍嫁哪家，经过媒婆们与“下家”的一番讨价还价，最后裁缝店老板愿出两百大洋娶宋小萍为妾。

就这样，花季的宋小萍硬被表舅父卖给了一个能做她爷爷的老头为妾。裁缝店老板虽然年入花甲，但身体还算硬朗，他已娶有两房妻妾，只是她们都为其各生了两个女儿后就再没有生育过。他的四个女儿都早已出嫁，大女儿也快 40 岁了。眼下他打算再娶 16 岁的宋小萍为小妾，目的就是生个儿子。宋小萍被迫嫁给裁缝店老板，不到一年，果真为他生下了一个儿子。这下裁缝店老板高兴坏了，他专门为宋小萍买了一套老凤祥黄金饰品，以奖励她生子有功。宋小萍在家里的地位也得到了提高。为了庆贺老来得子，裁缝店老板决定在儿子满月的日子大摆酒席，宴请亲朋好友。他可以摘掉“断子绝孙”这顶帽子了。

很快到儿子满月了。那天，裁缝店老板在家大摆宴席，与亲朋好友欢聚一堂。所有人兴高采烈地向裁缝店老板敬酒贺喜，他是来者不拒，一杯接着一杯往肚里灌。酒席还未结束，只见裁缝店老板趴在了桌上，众人都以为他是酒喝多了，就把他护送进房间休息。谁也没有留意他有什么不对劲的地方。

宴毕人散，当宋小萍进房唤老丈夫洗脸洗脚时，见他没有反应，再用手推了推他身子仍没有反应，走到床头旁，用手摸他脸时，宋小萍不由浑身发抖，老丈夫已经死了……

老丈夫死了，宋小萍在这个家里的地位一落千丈。大房、二房联手对付宋小萍，骂她是白虎心，克夫女人，还时常要动手打她，最后把她赶出了家门。宋小萍抱着儿子两手空空地流泪离开了，从此开始乞讨为生。

嫁入富家却换来终生残疾

过去，一些穷苦出生的舞女为了改变自己的命运嫁入豪门，梦想过上富裕的生活，但不少舞女嫁入豪门后竟然像跌入了地狱，命运更加悲惨。

她，名叫马丽娜，是大华舞厅的金牌舞星，长得非常漂亮，身材婀娜多姿，五官玲珑，气质高雅，清丽不俗。马丽娜出生在上海一个棉布商行家庭，少年时生活无忧无虑，在女子教会学校读书，喜欢唱歌跳舞，学校的舞台上经常能看到她美丽的优美的身姿。在大家的眼里，将来的马丽娜一定会是群星拱月，成为豪门贵夫人。

然而，人生充满变数。马丽娜 16 岁那年，家里发生了大灾祸：她父亲开在虹口的棉布商行发生大火，所有的东西都在大火中化为灰烬。父亲在大火中身亡，母亲受此打击精神彻底崩溃，患上了精神分裂症。家里的顶梁柱倒了，生活变得困难。不得已，马丽娜只好退学，承担起照顾母亲的责任。为了给母亲看病和维持家庭的日常开销，她变卖了家里的金银饰品。两年后，家里值钱的东西已变卖得差不多了，为了继续维持这个家庭，马丽娜到大华舞厅当起了舞女。

婀娜多姿的身材，美艳绝伦的打扮，轻盈优美的舞步，马丽娜在舞女中独领风骚，舞客们都为能同她跳一曲而感到荣幸。马丽娜成了大华舞厅的大牌舞皇。曾有文人墨客写道：满台莺莺燕燕，群芳争妍，要数丽娜卓越风姿，娇美妩媚。

1936 年秋，时年 22 岁的马丽娜在一个专做棉布生意老板的紧追不舍下爱情之门打开了。这个老板名叫姜小弟，年龄 30 岁，长得英俊又健壮，平时邀马丽娜跳舞时总会带礼物给她，出手阔绰大方，给马丽娜留下了美好的印象。

马丽娜在姜小弟“糖衣炮弹”的狂轰滥炸和甜言蜜语的引诱下，日久生情，在一次酒后委身于他。而姜小弟已有家室，马丽娜为了将来能过上贵夫人的富裕生活，也就同意嫁给了姜小弟为妾，心甘情愿做二房。

不知是马丽娜时运不济，还是命运多舛，结婚不到半年，姜小弟染上了赌博的恶习，很快就把棉布商行及住宅都输掉了。好好的一个家庭破碎了，大老婆离婚后带着女儿回到了娘家。马丽娜曾经靠当舞女赚到的钱财也都被姜小弟输得一干二净。她在无奈的情况下也只好同他分手。分手后的马丽娜又回到大华舞厅重操旧业当舞女。然而，身无分文的姜小弟竟然厚颜无耻问她要生活费，他时常在马丽娜下班的路上等着她。善良的马丽娜念在一日夫妻百日恩的情分上，总能给他一些生活费。谁知他要到钱又到赌场里输掉了，没有了钱他就跟她要。这样没完没了地要钱，马丽娜实在无法再容忍，她下狠心决定不再给他“生活费”。

一天晚上，马丽娜刚走出舞厅，在不远的一条小路上，姜小弟突然从黑暗中窜出挡在马丽娜跟前，向她要钱。马丽娜不给，他就抢夺她的拎包。马丽娜大声叫喊后，姜小弟被众人擒获送到了巡捕房。由于姜小弟没有伤害人而与被抢者曾是夫妻关系，因而他很快被释放了。但不知悔改的姜小弟却耿耿于怀，怒火满腔，他要给马丽娜点颜色看看。

一个星期天的晚上，怀恨在心的姜小弟手持一把菜刀守在马丽娜回家必经的路上。当他看到形单影只的马丽娜时，竟然丧心病狂挥刀砍向她，毫无防备的马丽娜凄厉地喊叫着救命……

马丽娜被人送到医院，经抢救竟然活了下来，但落下了终身残疾。可怜的马丽娜，悲凉和凄惨永远伴随她苦难的一生。

患病二房被赶出家门绝望跳江

在旧社会，有些漂亮的舞女歌女成了有钱男人的小老婆之后，她们最终还是逃脱不了被人玩厌后而遭抛弃的悲惨命运。

苏州籍姑娘韩茹菲，少年时父母患病双亡，孤苦伶仃的她只好跟着年迈的外祖母一起生活，靠帮有钱人家洗洗衣服、打扫卫生的微薄收入度日。几年后，上海的表舅去探望韩茹菲的外祖母，表舅见她长得漂亮，就说要把她带到上海，让她在上海工作赚更多的钱。韩茹菲的外祖母听到能赚钱也就同意她去上海。

韩茹菲跟着表舅来到上海这个陌生的地方，只能听从表舅的“安排”。白天，韩茹菲要为表舅一家人洗衣，洗菜，烧饭，炒菜等。

晚上，她还要到扬子舞厅做杂务活，赚到的钱一律归表舅。也许是韩茹菲人长得漂亮的缘故，她被舞厅的老板娘相中。舞厅老板娘让其改行当舞女，并深信韩茹菲一定能走红，成为舞客心目中的舞皇后。

经过舞厅老板娘对她的一番精心培训和调教，韩茹菲很快掌握了各种跳舞、伴舞的真功夫。舞池中韩茹菲身穿薄如蝉翼的白色晚礼服翩翩起舞，宛如白蝴蝶在轻盈地飞舞。她那妩媚艳丽的风姿，吸引了人们的目光；她那恍惚迷离的舞姿，引来了无数舞客的凝视。韩茹菲很快成了扬子舞厅里的红牌舞女，追求她的阔佬可以排成长队。

在舞客中，有一个开药材商行的中年阔佬杜某对韩茹菲早就垂涎三尺。经过一番甜言蜜语的狂攻和舞厅老板娘的撮合，韩茹菲最终同意嫁给药材老板杜某，成了他的小老婆。她以为从此可以过上富裕的生活。

然而，自古红颜多薄命。韩茹菲在嫁给杜某不到一年就病倒了，原因是她过去营养不良，再加之在表舅家劳累过度，使她积劳成疾，竟患上了肺病。经医生检查，韩茹菲左右两个肺的上半部分已经严重腐烂，肋膜骨八根均被腐蚀。在那个医学落后的年代里，她已经没有痊愈的可能了。

韩茹菲得了很严重的肺病，在当时这可是要传染人的重病啊。丈夫杜某经营药材生意懂得医学常识，为了防止韩茹菲把病传给家

人，就狠心地把韩茹菲赶出家门，把她送回到表舅家里。然而，当表舅家人得知韩茹菲患上了严重的肺病后，也把她赶出了门。孤独无助的韩茹菲在极度伤心与绝望中，于一个夜晚跳进黄浦江自杀了。

第十章

『美人鱼』被逼做姨太太的悲惨命运

杨秀琼 12 岁名扬香港

杨秀琼声名鹊起

在远东运动会上大放光彩

『兵败』柏林奥运会

凄苦的恋爱

新婚不久又被逼成为他人姨太太

杨秀琼在上海

『美人鱼』客死异乡

在20世纪30年代，有一个女子游泳运动员，她的芳名如雷贯耳，一度响彻神州大地，在上海、广州、南京更是家喻户晓，人人皆知，并跻身于宋美龄、胡蝶等中国十大知名女性之行列，她就是杨秀琼。她最早在国际体育大赛上为国争光，夺得第十届远东运动会四项游泳大赛冠军，成为东方一颗闪闪发亮的体育明星，中国最漂亮的“美人鱼”。

杨秀琼这位曾经的美人鱼在“风光无限，前途无量”时，真可谓“红遍大江南北”。蒋介石夫妇认她为干女儿，送她小轿车；汪精卫邀请她四处剪彩；林森为她颁奖；更有高官为她赶着马车在南京闹市区兜风。但是，由于时局变化与人心叵测，大红大紫的美人鱼杨秀琼在遭受“兵败”柏林和婚变的打击后，生活潦倒，最后怀着一种悲凉与失望的心情，漂洋过海去了加拿大，在温哥华孤独终老。

杨秀琼12岁名扬香港

杨秀琼，1918年出生于广东东莞，其父亲杨柱南是一位优秀的

游泳教练。1928年，杨柱南受香港南华体育游泳总会的邀请，赴香港当游泳教练，时年10岁的杨秀琼与姐姐也随父亲赴香港生活，并就读于尊德女子学校。杨柱南在那段当游泳教练的时间里，工作之余，对杨秀琼及杨秀珍姐妹进行了严格的技能、体能与速度等方面的训练。杨秀琼还参加田径和体操等方面的训练，这促使了她的体能快速提高，在水里时会特别轻快、敏捷，如同鱼在水里那样自如。

杨秀琼的游泳水平在她父亲精心、严格的训练与指导下突飞猛进。1930年夏，香港政府与香港游泳总会联合举办了全港游泳大赛，赛事在维多利亚游泳馆举行。12岁的杨秀琼在父亲的保荐下参加了50米和100米两项自由泳比赛。杨秀琼犹如一条泳池里的飞鱼，夺得了两项第一名。香港的媒体纷纷做了大幅报道，赞扬杨秀琼是华人女运动员中杰出之女性。这令许多中国人为之而振奋，也让那些骄傲而不可一世的洋人运动员不得不刮目相看。

杨秀琼声名鹊起

1932 年，14 岁的杨秀琼已出落成亭亭玉立的美少女，并加入了广东省女子游泳队。这年夏，上海举行了一次全国性的游泳比赛。杨秀琼代表广东游泳队参加了比赛。她所参加的 50 米自由泳、100 米自由泳、100 米仰泳三项是上海观众最关注的赛事，结果杨

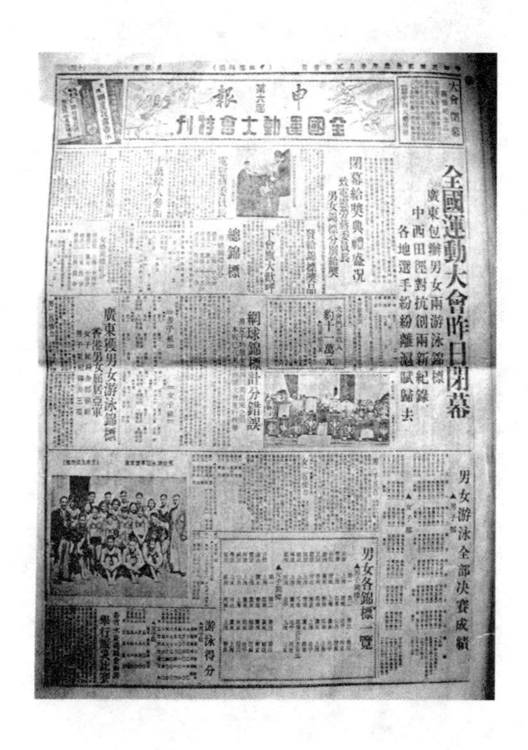

申報 第六張

全國運動大會特刊

全國運動大會昨日閉幕

廣東包辦男女兩游泳錦標

中西田徑對抗創兩新紀錄

各地選手紛紛離滬賦歸去

閉幕給獎典禮盛況

總錦標

網球錦標計分錯誤

廣東獲男女游泳錦標

香港男女屈居亞軍

男女游泳全部決賽成績

男女各錦標一覽

游泳得分

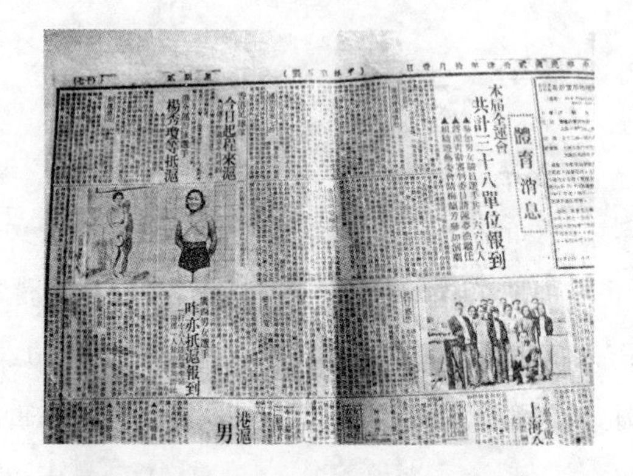

體育消息

本屆全運會 共計三十八單位報到

今日起程來滬

楊秀瓊等抵滬

昨亦抵滬報到

港滬 男

申報 第六屆 全國運動大會特刊

國慶聲中 全國運動大會今晨開幕

上午十時行開幕禮下午一時開始角逐

卅八單位二千餘男女健兒奪十七錦標

大會連續舉行十一天盛況將開新紀錄

大會職員名單

開幕儀式

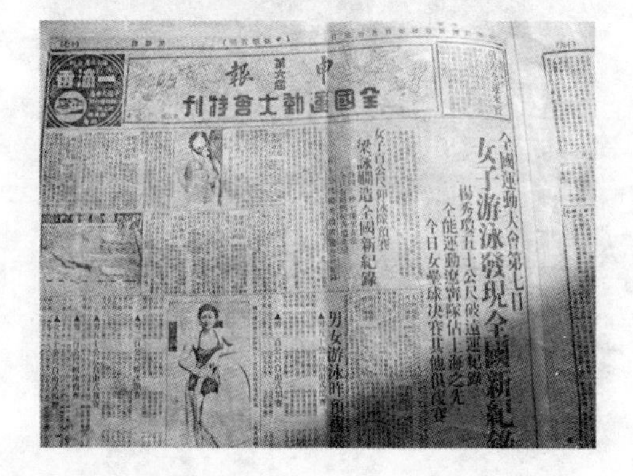

申報 第六屆 全國運動大會特刊

全國運動大會第七日 女子游泳發現全國新紀錄

楊秀瓊五十公尺破遠運紀錄

全能運動瀋濟隊佔上海之先

今日女壘球決賽其他俱複賽

梁詠嫻造全國新紀錄

男女游泳昨

秀琼全都获得冠军。这让上海滩的观众大开了眼界，纷纷伸出大拇指说“服帖”(佩服之意)。从此,杨秀琼在上海滩开始声名鹊起。

杨秀琼在上海成名后，成了当时不少在沪政府官员的座上宾。哪里有宴请哪里就有她的影子，哪里有舞会哪里就有她翩翩起舞的身姿。

1933 年 10 月，第五届全国运动会在南京举行。观众最多的地方要算游泳馆，而观众都是冲着看杨秀琼而来的。由此可以看出，

歡迎南洋華僑領袖率領各僑兄蒞滬

游行中之中國代表團持旗者劉長春獨行者沈嗣良後排自右至左申國權劉雪松宋君復托[illegible]

杨秀琼在当时的人气有多高，吸引力有多大。在游泳比赛中，杨秀琼一共夺得了 50 米自由游泳、100 米自由游泳、100 米仰泳、200 米俯泳及与队友合作 200 米接力赛五项冠军，从而再一次名震全国，声播天下。杨秀琼成了南京市民敬仰和崇拜的偶像。当时的一些政府高官纷纷接见她，宴请她。有些官员还邀请她到家里做客，让自己的儿女同杨秀琼一起吃饭，感受同冠军在一起的快乐滋味。当年时任第五届全国运动会总指挥的国民党政府行政院秘书长褚民谊为

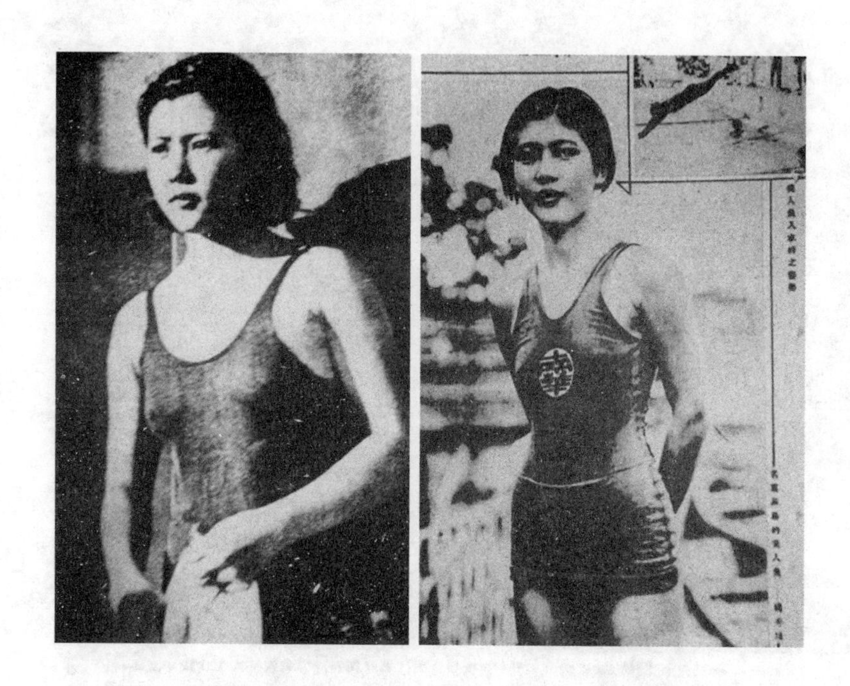

了讨得杨秀琼喜欢，除了为她颁奖外，还亲自驾着马车带着她在南京城的大街上兜风，从而引出了万人空巷争睹杨秀琼的场景。

杨秀琼在远东运动会上大放光彩

1934年5月12日，第十届远东运动会在菲律宾首都马尼拉举行，这是亚洲国家之间的一场体育大比拼。当时体育落后的中国如能在这样的国际性大型比赛中获得金牌，那是一件非常了不起的大事。

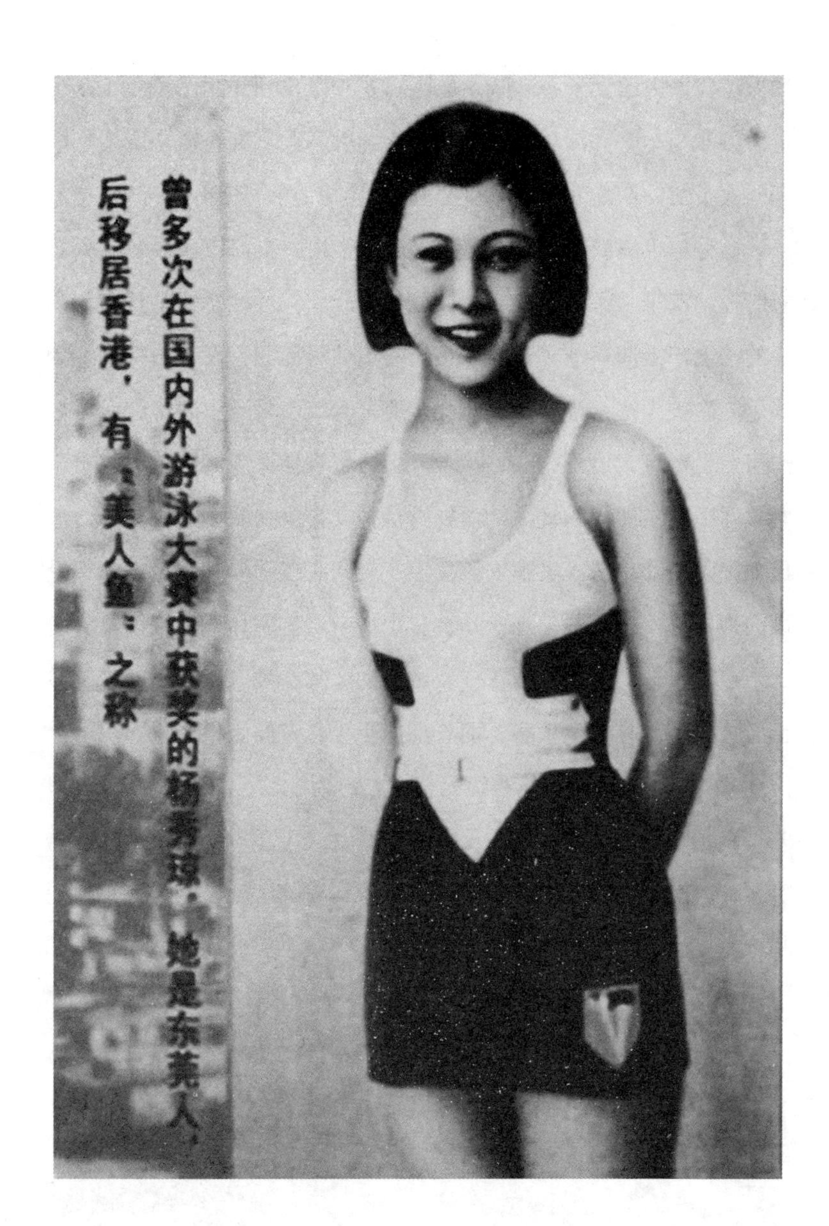

曾多次在国内外游泳大赛中获奖的杨秀琼，她是东莞人，后移居香港，有"美人鱼"之称

杨秀琼代表中国女子游泳队参加比赛并夺得50米自由游泳、100米自由游泳与100仰泳项目比赛的三块金牌，此后又夺得了含金量最高的女子团体200米自由泳决赛冠军。

杨秀琼“满载而归”的消息一传到上海，上海市民及各界人士纷纷行动起来。十六铺码头的墙面粉刷一新，各种条幅都挂在了码头的墙上，上面写着“热烈迎接杨秀琼载誉而归”及“巾帼健儿为国争光”等大幅标语。时任国民政府上海市市长兼上海市警备司令部司令吴铁城亲自到码头迎接。晚上，吴铁城在江湾新落成的市政府大厅举行了盛大的晚宴，而杨秀琼被安排坐在晚宴的主桌上。翌日上午，杨秀琼诸人又被安排登上了驶向南京的专列，他们将接受最高规格的“接风洗尘”庆功会。国民政府主席林森，以朋友身份私下接见了杨秀琼，还送了一些贵重的礼物给她。蒋介石和宋美龄也邀请杨秀琼到家里做客，而且动静更大，专门派人请广东厨师上门烧菜，并破天荒地认杨秀琼为干女儿。为了显示大气、出手阔绰，宋美龄特购置了一辆豪华的美国紫竹牌女式小轿车送给干女儿杨秀琼。行政院长汪精卫亲自下邀请书，请杨秀琼出席“南北火车渡轮制造完工通航仪式”并剪彩。

1934年，闻名全国的《良友画报》举办了“年度十大优秀女性”的评选活动，杨秀琼竟然与何香凝、宋美龄、胡蝶、丁玲等中国著名女性一同上榜。杨秀琼的漂亮玉照还刊登在了《良友画报》上，成为中国新的十佳优秀女性之一，也是年龄最小的优秀女性之一。

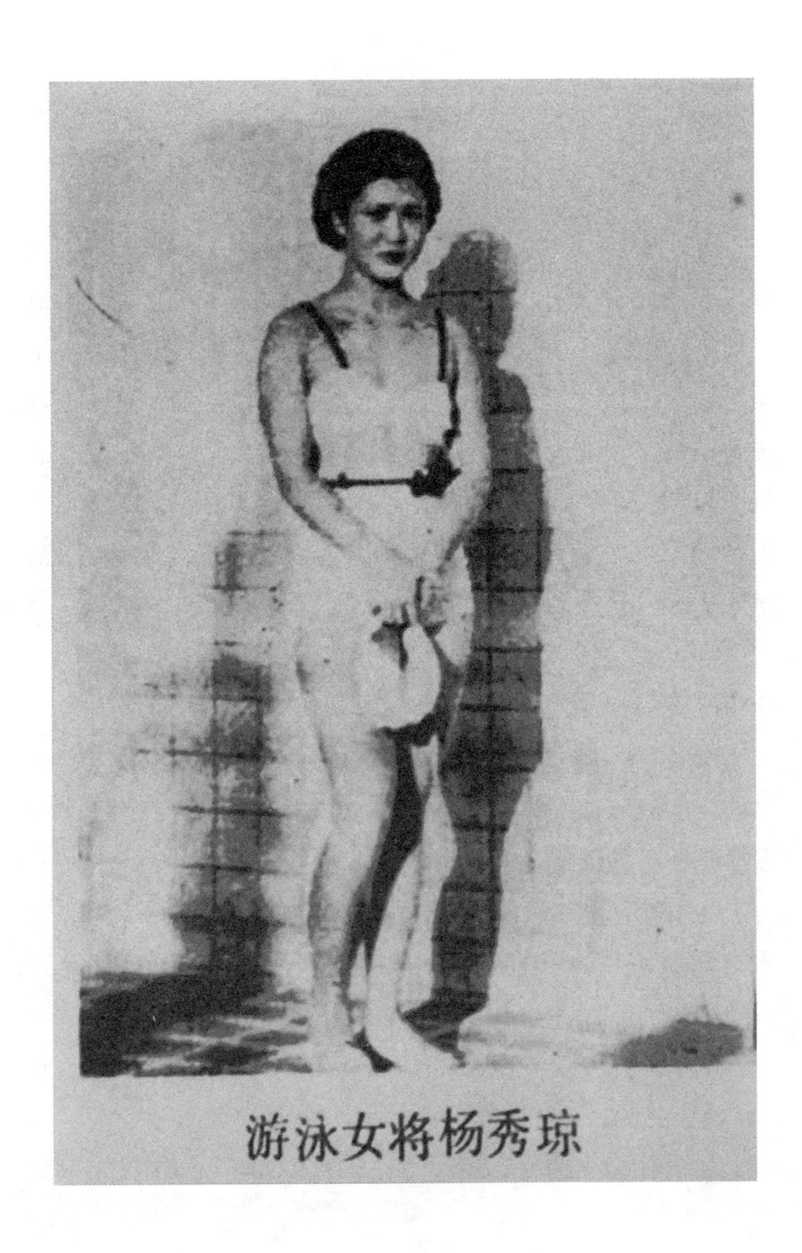

游泳女将杨秀琼

“兵败”柏林奥运会

杨秀琼是那个年代的“中国巾帼大红人”，无论是电影明星胡蝶还是阮玲玉都没有她名声大，威望高，许许多多商贾巨富、政府要员都希望能同杨秀琼一道参加宴会。更有不少风流倜傥的富家子弟迷恋她，向她求爱的信像雪片一样飞到她的信箱内。甚至，汪精卫的一个侄子也曾想娶杨秀琼为妻。不过名声如日中天的杨秀琼心气正高，根本不把这些写信的求爱者放在眼里，在她看来，这些人无法同她这位游泳冠军相匹配。再者，杨秀琼还想继续在她伟大的游泳事业上创造辉煌，故也无心考虑自己的婚姻大事。

然而，人生有顺境也有逆境，没有人会一生得意。杨秀琼的命运就是从柏林奥运会比赛失利后发生转折。

1936年8月1日，第十一届夏季奥运会在德国柏林举行。当时中国政府与民众都热情高涨，希望派出一支有实力的代表团赴德国参加奥运会，以一雪“东亚病夫”的耻辱。

杨秀琼当仁不让成了参加柏林奥运会的重要选手之一，也是国人寄予期望最高的一位运动员。新组建后的中国奥运代表团在经过一段时间的训练之后，于1936年7月上旬在上海坐轮船出发。

政府高官及社会各界名流纷纷到码头送行。杨秀琼微笑着向欢送人员挥手致意，她深知自己身上的担子有多重。

这是一次漫长的海上旅行，要在没有训练场地、场所及设施的

船上生活大半个月，这样的长途跋涉不利于运动员竞技状态的调整、保持。再加之遇到风浪轮船颠簸，吃不下饭还要呕吐，运动员大受折腾，身体状态只会变差。杨秀琼这条“美人鱼”也适应不了船上的颠簸，食欲下降，体重在减轻，整个人疲惫不堪。

1936 年 8 月 1 日，第十一届夏季奥运会开幕。8 月 10 日上午，杨秀琼出场了，她参加的是女子 100 米与 400 米自由游泳项目的预赛，国人都在等待她再创佳绩，但杨秀琼却失利了。中国奥运代表军团“兵败”柏林，颗粒无收，铩羽而归。回国后，杨秀琼在一片讽刺、嘲笑与挖苦声中名声一落千丈，她不再像以前那样受到“群星托月”似的关爱，过去的各种“高级享受”也离她而去了。

小夫人

凄苦的恋爱

杨秀琼自从在第十一届夏季奥运会比赛中一无所获后，她的声誉、地位及形象在那些大人物及国人的心目中一落千丈。她失去了英雄的光环，在高规格的酒宴、剪彩、舞会等场面上已难觅其美丽倩影，报纸杂志上也很难再见到她的踪影。杨秀琼就像是突然“失踪”了似的再也不被人们提起，因为她不再是人们心目中的“巾帼英雄”了。为此，杨秀琼有了非常大的精神压力，曾一度产生过极度悲观的情绪。后来，她在一些朋友及队友们的关心与疏导下，精神状态才得到了恢复，并开始寻求另一种人生——恋爱、婚姻。

杨秀琼是一个敢爱与敢恨的姑娘，又正值风华正茂，上海滩不少大户人家的青年才俊纷纷向她求爱，然而杨秀琼不为所动。因为爱情是两相情愿的，它讲究的是一种冥冥之中说不清道不明的“缘分”。而此刻的杨秀琼心里早有了思嫁的迫切愿望，心里也有了意中的白马王子。那人名叫孙惠培，上海人，出身名门，复旦大学高才生，上海白虹队俱乐部队长，中国体坛界著名运动员，曾代表上海队在第五、第六届全运会上夺得百米跑、跨中栏、跳远等比赛项目的冠亚军，同时还是一名篮球选手。孙惠培长得也英俊帅气，身高 1.9 米，魁梧高大，健壮有力，为人大气、豪爽，富有爱心与同情心。杨秀琼与孙惠培相识于赛事后的联谊会，可谓一见如故，彼

中華
THE CHINA
PICTORIAL
NO. 38
第三十八期
上海新中華圖書公司總發行

此无话不说。有一次比赛结束，杨秀琼与孙惠培在一同回住处的路上开起了玩笑。孙惠培半开玩笑半认真地对杨秀琼说："秀琼，知道你为什么一出场比赛人气就那么旺吗？"杨秀琼好奇地摇了摇头，孙惠培继续道："许多人都是冲着看你穿泳装而来的，而且那些伪君子的双眼都色眯眯地盯着你小腹下面看。你以后一上泳池及拍照时一定要用双手交叉放在小腹下部。"杨秀琼听了不由脸红了起来，打了孙惠培肩膀几下，说他是一个"坏男人"。然而讲者无意，听者有心，此后杨秀琼在拍照时总爱羞羞答答地把双手交叉放在前面。当时的报纸杂志上登载出了许多杨秀琼双手放前面的照片。随着杨秀琼与孙惠培交往的频繁，彼此的好感在不断加深，特别是他俩都入选国家奥运队之后，朝夕相处更加深了相互之间的了解。在上海训练期间，孙惠培对杨秀琼照顾得更是无微不至。孙惠培这种上海男人特有的细心及温情，深深打动了杨秀琼。特别是在杨秀琼"兵败"柏林后遭到一连串炮轰似的讽刺、挖苦及冷遇的那些日子里，孙惠培一直陪伴在她左右进行疏导，为她减压和打消精神顾虑。当杨秀琼在一次舞会后向孙惠培大胆表白爱意时，平时怕羞的孙惠培竟喜出望外地像小孩一样跳了起来，紧紧握住杨秀琼的手答应了她的求爱。

从此，杨秀琼和孙惠培这对郎才女貌的体育界名人情侣形影不离：美丽的黄浦江边，留下了他俩的身影；热闹的南京路上，留下了他俩的脚印；高档的舞厅里，有他俩翩翩起舞的优美舞姿。就连在杨秀琼离开上海回香港的那段短暂日子里，彼此也会鸿雁传书，诉说着由衷的爱意，憧憬着未来美好的生活。杨秀琼为了能早日嫁给心爱之人，就把一切告诉了在香港的父母，得到了全家人的一致同意。然而，当杨秀琼满怀兴奋喜悦之情来到上海把这个喜讯告诉孙惠培时，孙惠培却道出了他的无奈与痛苦。原来孙惠培把同杨秀琼热恋并决定娶她为妻的事告诉父母之后，却遭到了父母的坚决反对。他们不希望娶一个门不当户不对的女运动员做媳妇，更何况是一个众人皆知的“专穿短衣短裤”暴露在万人面前的女人。如果把这样的女人娶进家门是一种伤风败俗，有失大户人家的体面，因而不同意儿子和杨秀琼的婚事。生性懦弱而又孝顺的孙惠培只好顺从了父母，在自己的婚姻大事上遵循中国传统的“父母之命，媒妁之言”这一清规戒律。当杨秀琼意识到无法挽救与孙惠培的恋情后，只得怀着痛苦、失望的心情返回香港。

新婚不久又被逼成为他人姨太太

人们常说时间可以使人忘记过去。杨秀琼原本就性格开朗，慢慢地也便从失恋的阴影中走出来了。等一切恢复到原来状态后，杨秀琼又遇到了一桩好姻缘。在朋友的介绍下，她同香港赛马俱乐部的一名骑士相识了，两人可谓一见钟情。这名骑士名叫陶伯龄，在香港名气很大，几乎人人皆知，香港人都称他叫“北国第一骑士”。而陶伯龄这位所谓的“北国第一骑士”，其实不是真正的北方人，而是一名实实在在的上海人，只是香港人习惯把不是本地的人都称为北方人。杨秀琼同陶伯龄志趣相投，性格相合，很快从初恋升温到热恋。1937 年上半年，二人步入了婚姻殿堂。婚后，夫妻俩约定：彼此忠诚，互爱互让，为中国体育事业发展再努力打拼，婚后 10 年再生孩子。

然而，天有不测风云。正当杨秀琼力求婚后大展宏图，报效祖国时，抗日战争全面爆发，上海沦陷了。杨秀琼夫妇生怕遭日本侵略者侵害，一起去了香港。后在干妈宋美龄等人一再邀请下，二人又由香港到了重庆。但是，重庆不是杨秀琼夫妇的福地，而是“地狱”。

一个星期天的晚上，打扮得漂漂亮亮的杨秀琼应邀参加一场舞会。舞会中杨秀琼楚楚动人的神态及优雅舒展的舞姿，再加之迷人的笑容，仿佛如传说中的希腊女神，吸引了许多达官贵人的眼球。舞会结束后，杨秀琼被一个名叫范绍增的军阀带回家里“做客”。他在舞会上对杨秀琼“一见钟情”。

范绍增手握兵权，是四川一带的实力派地头蛇。蒋介石迁都重庆，得到他的大力支持。因此，蒋介石对范绍增这个四川地头蛇充满感激之情，有时也让他三分。而这个范绍增文化不高却为人豪爽，打仗勇猛，但他有一个“最爱”，那就是最爱漂亮的女性。凡是他看中的女人，他不惜代价要占为己有。眼下杨秀琼就被他看中了。宋美龄得知范绍增“霸占”自己干女儿杨秀琼，心里非常气愤，欲上范府责问，却遭到蒋介石的劝阻。聪明的宋美龄全然明白丈夫之意，最后她顺水推舟充当媒人，劝说杨秀琼嫁范绍增为妾。单纯的杨秀琼在各方人士的劝说及威逼利诱下，只得屈从范绍增而同心爱的丈夫离婚。当时《重庆日报》头版登载了一条消息,其大标题为“南国美人鱼与川军司令范绍增将军结婚”；小标题为“杨秀琼与陶伯龄离婚”，旁边还印着他俩签字的“离婚书约”。就此，杨秀琼成了范绍增的第 18 位姨太太，而范绍增先后共娶了 40 房姨太太。官方对杨秀琼的婚变解释为“杨与陶性格不合，感情不和”。

杨秀琼性格直爽，不善心计，进入范府后，在妻妾成群相互争宠的大家庭里，只能遭受其他厉害的妻妾们排挤和打压。杨秀琼整日无所事事，虽然过着饭来张口，衣来伸手的日子，但她如同行尸走肉，又像是一只被关在笼里的金丝鸟，无法展翅飞翔。

杨秀琼在上海

杨秀琼在重庆“抛弃丈夫”嫁给大军阀范绍增的消息一传到上海，在许多曾经喜欢和崇拜她的粉丝中掀起了一阵“波澜”。他们纷纷指责她：有的骂杨秀琼是一个无情无义的“女陈世美”，攀附权势和钱财；有的骂她喜新厌旧，贪图享乐；有人骂她是一个喜欢招蜂引蝶的放荡女人，不知廉耻。

事实并非如此，杨秀琼根本不愿嫁给范绍增当姨太太，而更希望同陶伯龄相亲相爱，白头偕老。然而，一个弱女子杨秀琼又怎能斗得过大军阀呢？一个骑士丈夫又怎么能救得了她呢？杨秀琼唯有屈从方能生存，陶伯龄唯有放弃爱妻才能保命，这就是他们夫妻俩的唯一“出路”，别无其他选择。发生在杨秀琼身上的这一切，上海的“杨秀琼迷们”根本不知道，都以为她过着非常舒心、快乐的生活。杨秀琼在范府争宠讨喜的众妻妾中算得了什么角色？再加之过去只有别人甜言蜜语围着她转，眼下要她去柔情似水地去讨范绍增喜欢，杨秀琼不会也不懂，因而她只能长时间“孤身空房影相伴，寂寞清凉度终日”。

抗战胜利后，厌倦了名存实亡“家庭生活”的杨秀琼急切希望离开重庆，回到她日夜思念的第二故乡上海。经过一番抗争和周折，杨秀琼终于挣脱“牢笼”同范绍增分手来到上海。回到上海的杨秀琼希望在“天时、地利、人和”的大都市里继续发挥自身优势，拓展游泳事业，能为国家体育事业发展出力。然而，经历了八年抗战，眼下的上海已是“时过境迁，物是人非”。那些曾经的官员和大亨“朋友”死的死，逃的逃，抓的抓，变的变，杨秀琼一下觉得这世道变得太无情与冷酷了。她深感很难再在上海站稳脚跟，更别说是大展宏图再干出一番大事业。上海的普通市民也因八年抗战受尽苦难，为了生存奔波而早把杨秀琼淡忘了，再加之她两次婚变，在人们的脑子里她是一个不守传统礼教的女人，也早已失去了对她的好感。杨秀琼真正感受到了生存的艰难。无奈之下，杨秀琼只好放弃理想，为生存而另选职业。当时上海有一家小报叫《侨声报》，该报发行量不大，但那里的主编却很有思路和想法。他得知杨秀琼的近况后，就大胆地聘请杨秀琼为《侨声报》记者，而杨秀琼又没有学过新闻专业这方面的知识，文化水平也不高，也没有一定的写作能力，她肯定无法胜任采编这一记者工作。然而，当杨秀琼这位当年的美人鱼被《侨声报》聘为记者的消息传出后，就成了上海滩上的一大新闻。一时间，上海街头的大小报纸杂志都纷纷采访杨秀琼，并作了报道。而当时上海的媒体正在轰轰烈烈地开展评选“最美女记者”活动，各类报纸杂志所推选出的美女记者的肖像上了报纸，让读者评选。上海《侨声报》则推荐了杨秀琼。由于杨秀琼当记者一事被媒体热炒之后，使她的知名度又开始提高，再加上眼下其体态变得更加丰满匀称，多了一些少妇特有的韵味和美感，杨秀琼一度成了美女记者评比活动中摘桂的热门人选，在市民中呼声极高并被一致看好。但经过一轮轮评比、筛选，杨秀琼最终名落孙山，犹如出师奥运会一样一无所获。评比结束，杨秀琼与《侨声报》之间的关系就这样不了了之。而外界都知道《侨声报》聘请杨秀琼当记者是醉翁之意不在酒，他们是在炒作，利用杨秀琼的知名度提高报纸的销量。此外，由于当时一些小报经济情况普遍较差，都是在“死亡线上挣扎”。杨秀琼就这样被他们利用完后一切也就结束了，也没有得到应获取的薪酬。

“美人鱼”客死异乡

杨秀琼离开《侨声报》之后，经人介绍，认识了一个俱乐部的老板。此人名叫潘三鑫，五六十岁，自称喜欢体育运动。他开设的俱乐部以他的名字命名，叫“上海三鑫体育俱乐部”。潘三鑫在上海巨泼莱路（今安福路）有一套住房，非常大，而且住宅里还有一个按照世界比赛标准设计的大游泳池。潘三鑫也是上海滩上小有名气的“白相人”（意为不正经之人）。他“聘请”杨秀琼之前的说法是为了组建一支女子游泳队，由杨秀琼做俱乐部游泳队主教练，目的是让杨秀琼英雄有用武之地。而此刻在上海滩上已经走投无路的杨秀琼见能获得一份如此合自己心意的游泳教练工作，不由暗暗庆幸遇上了好人，碰上了救星。但事与愿违，三鑫俱乐部老板是冲着杨秀琼的美貌。早在杨秀琼红极一时的时候他就已经在觊觎杨秀琼，对她想入非非，只是那时那些显赫的政府高官围着她转，一个体育俱乐部的老板哪能排得上号，也决不会被杨秀琼瞧得起。如今杨秀琼落难来到上海，再没有了大佬们的“围转”，对杨秀琼垂涎三尺的潘三鑫深感占有她的机会到了，就以“高薪聘请”当游泳队教练为诱饵，把杨秀琼骗到了他家。工作无着落的杨秀琼只能每天陪潘三鑫游泳，或在水中裸身为其表演。杨秀琼再次成了别人的玩物。

1946 年 7 月中旬，以上海水泥大王女儿徐小姐为队长的华严女子排球队因战绩出色，在上海排球界名声很大而被潘三鑫看中。潘三鑫就特邀她们到家里做客，目的是希望她们加入到三鑫俱乐部，并开出了许多优惠条件。当徐小姐一行来到他家时，潘三鑫就把她们带到游泳池边，随后指着泳池里的一个身着暴露泳衣的漂亮女子得意地说：“你们知道她是谁吗？她就是曾经红极一时的‘美人鱼’杨秀琼！她都投到了我的门下，你们还有什么可说的？”潘三鑫说完就朝杨秀琼大声喊道：“表演一下给她们看一看，让她们开开眼界。”

只见杨秀琼乖乖地在水里翻起了筋斗，一会儿潜水，一会儿仰游，侧游，等等。潘三鑫只要打一手势，杨秀琼就会按手势做各种动作，仿佛水中的宠物。吃午饭时，潘三鑫让杨秀琼一起作陪。杨秀琼在吃饭过程中始终不说一句话，几乎连头也不太抬起，只是低着头自顾自地吃饭。唯有潘三鑫在说笑话时偶尔问杨秀琼为什么不笑时，她才会抬起头勉强地微微一笑。此刻她的神态却非常无奈与凄凉，那微笑中蕴藏着一种苦涩，同当年的那个活泼和充满朝气、自信的杨秀琼判若两人。直到饭局结束，杨秀琼也没有吭一声说一句话。

然而，杨秀琼那段“不可告人”的生活，又成了上海街头小报的新闻。又有不少人在报纸上登文辱骂杨秀琼为了金钱自愿出卖色相，是一个荡妇、贱妇。她在上海成了人们心目中不知羞耻的女人。杨秀琼对此很苦恼，她曾打电话约曾经的好朋友想诉诉苦，为自己辩白，但没有人愿意听她诉苦，都对她避之不及。

有一天，杨秀琼到南京路上一家咖啡馆喝咖啡排遣心中痛苦，在那里巧遇当年曾经关系不错的国家队女队友。闲聊中对方问杨秀琼为什么要“那样没有自爱自尊地生活”时，杨秀琼一下浑身颤抖起来：“我的家早破了，我没有了丈夫，没有了自己的家，我是无家可归啊，还有谁愿娶我？”

杨秀琼深知自己已经“臭名远扬”，在上海乃至整个中国已待不下去了。怀着失望的心情，她在1946年初秋伤心地离开上海去了香港。杨秀琼到了香港，其父母也认为她伤风败俗，有辱门庭，这使杨秀琼更加伤心。就这样，杨秀琼怀着极其痛苦的心情过着隐居的生活。而此时的杨秀琼才 28 岁，却已看破了红尘！

20 世纪 50 年代中期，蒋介石与宋美龄得知干女儿孤苦伶仃生活在加拿大时，曾多次写信让杨秀琼到台湾居住，但杨秀琼没有回信。后来宋美龄派人将自己的亲笔信送到杨秀琼手里。杨秀琼看完信后伤心地痛哭了一场，随后把信撕得粉碎。在她落入虎口最需要拯救时，这位干妈非但没有伸出援助之手，相反还劝说她要听话屈从范绍增，从而导致她失去丈夫、家庭和终生幸福，落得个被众人痛骂贪图权贵与金钱而抛弃丈夫的名声，以至如今漂泊异乡过着孤单凄凉的苦难生活。这样的干娘让杨秀琼心寒和心痛！这样的干娘还有什么可再信任的！这样的干娘还有什么可依靠的！这样的干娘还有什么可以再“拜认”的……

在加拿大，杨秀琼一直生活在郁闷和悲伤中，她非常思念祖国，时常走到温哥华的海边，极目远望，这是她对故乡的思念啊！1982 年 10 月 10 日，杨秀琼在苍凉与寂寥中去世，享年 64 岁。她的遗体被安葬在温哥华海景墓园。

“美人鱼”杨秀琼就这样在异乡香消玉殒了。

小夫人